U0044554

老後練習簿

終於可以

自在過生活

作者序

日子總是有好有壞

我一生最快樂的時光，是擔任台南高商的心理輔導老師，經由諮商了解學生，進而幫助學生解決各式各樣的難題。退休以後，我在台南市憂鬱症關懷中心和嘉義監獄擔任心理輔導志工，安撫有緣相聚者的情緒，並鼓勵其重拾生活熱忱。

我們老人常常因為身體衰弱、金錢缺乏和家人、親友相處問題而苦惱、恐懼，如果去請教掛牌行醫的心理師，諮商過程一小時收費一千多元到三千多元，是很大的負擔。我不是心理師，但，我同樣受過嚴格的諮商與助人技巧的訓練，退休後閒不住，把認真生活的點點滴滴寫成這本書，分享給大家。讀者花一點小錢把書買回家，可以慢慢看、反覆思考，從中獲得啟示。

老天保佑，希望我們都不要活得憂鬱、恐懼！

丘榮襄

二〇二〇年一月一日，寫於台南、麻豆

目錄

第三章　比陳酒更香醇的好友

讓老後的每一天都精采

第四章　人生下半場的重要功課

坦然直面，不遠的死亡

第一章　老人專屬的小確幸

有了時間才能享受的分分秒秒

到了人生這個階段，
不需要工作、不需要操持家計，
心裡也有了空間，可以好好感受生活裡的每一個小事件。

清晨，寒流中的溫暖

來自陌生人的善意與溫情，不只能驅趕寒冷，還能擁有愉快的心情，真的，施比受更快樂。

二月下旬的某個星期天。清晨五點，我像往常一樣出門，準備到我家對面麻豆國中的遼闊校園裡走路做運動。強烈寒流迎面襲來，逼得我拉緊脖子上的圍巾，再把厚外套的拉鍊往上提一提。

時序接近元宵節，照道理說，春天早已來臨，天氣應該有些溫暖才對，我居住的麻豆小鎮，位在嘉南平原中央，清晨時候，常常出現攝氏十度左右的低溫，凍得人手腳冰冷，很不是滋味。有一次來了個「霸王寒流」，全台灣清晨溫度低到只有攝氏七、八度，聽說，有心血管疾病的老人當中，每天都有二十人左右凍死，可真把我們這些老人嚇壞了。

此刻，遼闊的麻豆國中校園裡只有少數幾個早起的人在運動，濃濃夜色中，只有圍牆外面一家超商和超商對面的早餐店，亮著潔白燈光，給人一種遙遠的、模糊的溫暖感覺。

六點後，我停止運動，決定到超商去買份報紙和我愛喝的米漿。

「叮噹」一聲，電動門打開，超商值夜班的大男孩笑臉迎人，說：「阿伯，早。」我微笑點點頭，彎下腰，在門後的報紙架上挑一份報紙。然後，走向後面的保溫箱，要找溫熱的飲料。

大男孩快步衝向保溫箱，在箱子後面拿出一瓶米漿，興奮地告訴我，他猜想我星期六和星期天會喝米漿，所以，他事先在保溫箱裡放了兩瓶，但是，剛剛有人買走一瓶，這種牌子的米漿因為很受歡迎，店裡就只剩下一瓶了，所以，他趕快把它拿出來藏在保溫箱後面，就等我來買。果然，幾分鐘以後，我就上門了。

天啊，我心裡好感動。我只是最近在星期六、星期天當他值大夜班的清晨來買報紙和米漿，他就記在心上了。多麼熱心、殷勤的一個大男孩吶。

連連向他鞠躬致謝、誇獎他的敬業精神。我走出超商大門時，寒流立刻把我包圍住，但，溫熱的一瓶米漿握在手裡，溫暖傳到我心上，覺得好快樂好快樂。

早餐，不只暖胃也暖心

我在麻豆國中教書時教過的一個女學生，現在也是中年婦人了，她在超商對面經營早餐店。二十多年來，我都在這裡享用早餐。剛坐下，老闆娘瞥見我把米漿放在桌子上，她便不幫我準備平常喝的無糖豆漿，只給我一碟肉鬆蛋餅。

一個彎腰駝背的老婦人柱著枴杖慢慢走進來，在她平常坐的牆邊位置

寒流中，一頓溫熱的早餐，溫暖了老婦人的胃，背後的故事，則是溫暖了人心。

坐下。老闆娘給她兩個小包子和一碗豆漿。

我對她微笑打招呼。像往常一樣，她只瞪我一眼，不理會我。

老婦人今年八十多歲了，每天清晨在早餐店和我短暫相聚，她吃完東西拍拍屁股走人，從不給錢的。有趣的是，老闆娘也從不跟她伸手要錢。

我問過這件事。

老闆娘說，老婦人住在這附近，她的兒子和媳婦都生病死了，一個孫子靠打零工維生，這些年，不知道流浪去哪裡，毫無音訊。里長同情她的窮苦處境，知會區公所給獨居老人免費送餐的志工，幫她料理午餐和晚餐。至於早餐，她來早餐店吃東西，就由老闆娘每天記帳，到月底，里長就來幫她結帳付錢。

一連串的寒流，每天把我們這些身體衰弱的老人凍得手腳冰冷，像此刻，清晨低溫只有攝氏十度。幸好，這個孤苦窮困的老婦人來到熟悉的早餐店，能夠幸福地享用一頓溫熱的免費早餐，迅速驅走寒意。她滿足的表情看在眼裡，我也受到感染，讓我在愉悅的心情下展開一天的生活。

我起身掏錢付帳，看見一隻黑色的流浪狗蹲在攤子前，身體因寒流而緊縮著，兩個眼睛卻直直望著正在煎烤漢堡夾肉的老闆娘，那肉片香味使牠鼻子動了又動，眼中流露出渴望。

「老闆娘，這夾在漢堡中的肉片一塊要多少錢？」

「十元。」

「妳揀一塊不燙的丟給那隻流浪狗吃，錢算我的。」

老闆娘立刻照著做。

肉片丟下，流浪狗一躍向前，先舔了舔，試試溫度，然後大口咬住，跑到不遠處的超商牆角，津津有味地吃了起來。

流浪挨餓的日子過久了，使那隻流浪狗知道現實社會競爭很厲害，突然一塊美味肉片到了嘴邊，當然要立刻找個不怕被搶奪的角落，才好安心享受。我和老闆娘把這情形看在眼裡，都忍不住笑了。

釋迦牟尼佛說，眾生平等。又說，施比受更快樂。一隻流浪狗和我這個七十幾歲的老人，因緣際會，在寒冷的清晨邂逅於早餐店前，人與狗，都享受了小小的快樂。

難忘的水果滋味

生在水果王國，從小到成年，再到現在的老年，似乎都充盈著一股香甜味兒……

夏季裡的颱風天，所有媒體都詳盡報導台灣遭受強風、暴雨摧殘，損失嚴重。我卻在報紙上看見記者侯俐安的報導，日本靜岡縣御殿場市的國小學童，吃營養午餐時，因為品嘗到來自台灣高雄旗山的上好香蕉而雀躍不已。有小朋友捨不得吃，把香蕉帶回家與爺爺、奶奶分享，沒想到奶奶喜悅地掉下眼淚來，說：「小時候住在台灣，只有生病時才吃得到這種水果啊。」

這一則新聞，勾起我好多好多的聯想。

日本這位阿嬷，小時候隨父母住在台灣，對一般台灣人而言，日本人是高高在上、生活富裕的，可是，香蕉這種美味的上等水果，不是輕易可以品嘗到的，才因此和童年生活一起成為美好的回憶。

我也想起一位日本作家寫的報導文學，「灣生」，意思是「在台灣出生的日本人」，這些身分特殊的日本人在第二次世界大戰後，因為日本戰敗，被遣送回日本，他（她）們想起占領的殖民地，台灣，種種生活狀況，大概，懷念多於怨恨吧。畢竟，我們台灣，被稱為「美麗之島」，是人人都喜歡的。

香甜芬芳滋味，伴男孩長大成人

我這個第二次世界大戰結束後出生的道道地地台灣人，很幸運，在我的青少年時期，台灣南部的高雄、旗山地區有人大力推廣種植香蕉，上等品外銷日本，賺進大筆大筆的外匯，中下等的香蕉，外表比較不好看，在台灣的菜市場內隨處可見，售價便宜，人人都買得起，很多人喜歡吃，我就是其中之一，常常，把大大的一條香蕉剝掉外皮後，切成一小圈一小圈的，珍惜地一口一口慢慢吃。特殊的芬芳味道可以傳出好遠，回味無窮。

有一個阿伯，他別出心裁製成的香蕉清冰非常好吃，每天下午，他挑著擔子出來，一路搖鈴噹叫賣，所到之處，小孩子爭相購買。我家甚窮，逢年過節，在菜市場賣魚的父親會給我一些零用錢，我才能去買阿伯的香蕉清冰來吃。平常遊戲中，聽到阿伯叫賣香蕉清冰的鈴噹聲，只有暗中吞口水的分。

剛考上大學那一年，暑假上台中成功嶺接受軍訓，操練時汗流浹背十分辛苦，所幸，中午吃飯時常有香蕉可吃，我把剝下來的香蕉皮放在胸前口袋中帶回寢室，午睡時把它放在窗口，微風吹來，香蕉的特殊芬芳瀰漫四周圍，消除了汗臭，也使人聞了心曠神怡，安然入睡。這件事，成為我成功嶺受訓中難忘的美好回憶，和收到女朋友情書時同樣高興。

香蕉的特殊芬芳味道，成為我成功嶺受訓中難忘的美好回憶。

水果王國裡，少不了的甜味人生

世上的事常常盛極而衰。台灣的香蕉輸往日本，本是好事一樁，卻不知什麼原因，主事者被撤換掉，導致蕉農所種香蕉不能再順利輸往日本而逐漸廢耕，終於失去「香蕉王國」的美譽。然後，我們麻豆地區出產的麻豆文旦，成為台灣人贈送日本親友的高貴水果，每年中秋節前幾天，麻豆盛產的文旦一箱又一箱地打包送出國門，成為市場寵兒。

當了老師以後，我很喜歡出國旅行，有一次在日本琉球群島逛夜市，在一個叫「三條通」的街上，看見售價不低的水蜜桃，一時好奇，買一個來吃。日本小販看我是外國人，怕我不知吃法，特別叮嚀，水蜜桃不可削皮，用清水洗了直接吃才不會浪費。我遵照辦理，一口咬下，乖乖，清香滋味美妙至極，而甘甜果汁溢滿嘴巴，流入喉嚨，遍體舒暢，如同喝了仙人的茶水。

立刻，我又掏出鈔票，再向日本小販購買三粒水蜜桃，帶回旅館後，自己再享受一粒，另二粒分享親友，大家都讚嘆不已。

台灣南部山區，果農經過多年的研發加上細心的栽培，把台灣比較小、比較酸澀的土芒果，改良成拳頭大小芬芳甜美的愛文芒果，使人愛不釋手，吃了還想再吃。在炎熱的夏天，用金黃色愛文芒果製成的芒果冰，不但台灣人愛吃，來台灣旅行的日本人更是讚不絕口，列為誘人的台灣小吃。

這些年，中國大陸成為世界第二大經濟強國，早已超越日本和英國、法國，所以，人民的購買力非常強大，他們在夏天大量採購台灣的愛文芒果，使愛文芒果的售價節節高升，曾經一台斤貴到一百元，一般台灣人已經吃不起了。

今年夏天，是我母親一一一歲的冥誕，我特別在她生日前削好大一顆愛文芒果放在遺相前，與她說說話。母親去世已三十一年，生前幫我照顧兩個兒子非常辛苦，這是我自己現在當了阿公才清楚體會到的。記得我唸小學三年級的時候，幫老師做事情，老師知道我家窮，常常沒有零用錢，特別給我五角作為獎勵。我放學走過菜市場，正好看到有人賣芒果，我便用五毛錢買一顆大芒果帶回家。母親小心翼翼地把芒果皮削了，快樂的與我分享，稱讚我年紀小，有孝心，是她的好兒子。只是，事隔好多年好多年，我現在回想起來，發覺當時母親用菜刀分配芒果時，好像是我吃得多、她吃得很少呢。

仔細看著母親跟我相像的臉孔，好像愛文芒果的甜美滋味使她微微笑了。現在，我已經七十三歲，白髮蒼蒼，體弱多病。大概，我們兩人在天上相會的日期不遠了。

慈悲長者

年長者擁有關懷與智慧，能看透不少事情，也許在某個時間點，可以助人一臂之力。

看了一部日本的小品電影，故事內容相當有意思。

日本山形縣，銀山溫泉區，傍晚，太陽剛剛要下山，一個頭髮斑白的老人從溫泉旅館走出來，站在銀山川旁邊，放眼看去，十多家充滿大正時代古老風情的典雅旅館沿河岸建立，使人有時光倒流的錯覺，忘掉外面喧嘩複雜的現代社會。

老人慢慢走過紅色小橋，走進一家蕎麥麵店，點了蕎麥麵套餐，在窗沿邊坐下來。

溫暖的夕陽斜照在老人身上，有

一種安心、幸福的感覺。老人閉上眼睛，舒服地靠在椅背上。

六十五歲的老人了，禁不起大腸癌末期的折騰，身心都十分疲累，坐下來才幾分鐘，便陷入昏睡狀態。

突然，「趴」一聲，彷彿有碗筷掉在地上。老人驚慌地張開眼睛，一個中年婦人的臉孔出現在眼前，她立刻蹲下身，把跌破的碗撿起來，放在盤子上。

「妳怎麼了？」

「部長！」中年婦人用了很大力氣才叫出聲來。

「妳認識我？」

「是……是……我曾經是你的部屬，我是靜枝……」

「靜枝？」老人仔細把中年婦人的臉看了又看，驚叫起來。「是妳，真的是妳……」

剎那間，老人明白了。這個叫靜枝的女人，是這家麵店的老闆娘，剛剛把煮好的蕎麥麵端過來，但為何在看清楚他臉孔後，震驚地摔破碗了。

十多年前，老人是一家大規模電器行的財務部部長，靜枝在他手下擔任會計稽核工作，頗得他的信任。可是，有一次，一批除濕機的貨款取不回來，因為，那個經銷商在花言巧語贏得靜枝的好感後，以結婚為藉口和她親密交往。已經三十多歲尚未出嫁的靜枝，在對結婚十分憧憬的狀況下一時被哄昏了頭，在稽核工作上未盡力，使那個邪惡的男人用一張空頭支票騙走大批高檔除濕機，然後，一走了之避不見面。這件事，靜枝在賠不起的情形下引疚辭職，再三維護她不使她被移送法辦的老人，也被連累記一大過，改當人事主任。

緣分，讓主角們再次相見

萬萬沒聽到，分開十多年的兩個人會在溫泉鄉再次見面。一個是大腸癌末期的病患，退休後，過著等死的日子，另一個，成了蕎麥麵店的老闆

巧妙的「緣分」，能讓原本不相干的陌生人互相扶持、克服難關，彼此留下深刻的印象。

娘，依然未婚，孤苦伶仃過日子。兩個人大略說明各自的近況後，坐在一起吃了晚餐，溫柔燈光下，那身影在別的客人看來就像一對父女呢。

之後，這家蕎麥麵店成了老人用餐、閒坐的地方。他的太太早幾年生病死了，兩人膝下並沒有兒女，所以，他把一張和生命禮儀公司簽訂的合約交給靜枝保管，請她在他死後通知生命禮儀公司來料理他的喪事。靜枝也承諾，一旦他病倒，會安排他住進鄰近醫院的安寧病房，在佛教的安慰下安心的往生而去。

兩個多月後，在一家醫院的安寧病房，靜枝幫老人擦拭身體後為他換上乾淨舒適的衣服、褲子，枯瘦的老人長長舒一口氣躺下來，伸手，從枕頭下面拿出來一個公文袋交給靜枝。

靜枝疑惑地打開來，發現有老人的銀行存款簿和請領印鑑。另外，是一張店鋪的所有權狀。

「部長！」看完所有權狀，靜枝忍不住俯身向前，跪下來。

在尚未送老人進安寧病房前，靜枝有一次坐在店裡發呆，憂愁著房東準備賣掉店鋪的事。正好，老人進來要吃稀飯，發覺她神情有異，追問之下，知道她沒有錢可買下店鋪，不知道以後怎麼辦？沒想到，慈悲的老人，託醫院的志工找到房東，把房子買下來，登記在靜枝名下。這樣，確保她可以把麵店繼續經營下去，將來衰老了，也有自己的房子可以安心養老。

人與人之間的「緣分」就是如此奇妙。沒有好的「緣分」，就算有血緣關係的親人，也可能冷陌、疏遠不相往來。相反的，有巧妙的「緣分」，原本不相干的陌生人會互相扶持克服難關，彼此留下深刻的印象。

閱人無數，也願助人無數

我常在玄天上帝廟前的廣場閒坐，看著來來往往的男男女女，猜想他（她）們有什麼心事，有什麼喜怒哀樂，如此，帶給我很大的快樂，也讓我有很多寫文章的靈感。

連續好多天，我注意到廟前龍柱旁邊，坐了一個二十多歲的小姐，手上拿一個包包，臉色蒼白，彷彿心事重重。坐久了，小姐會站起來伸伸腰枝，進廟裡拿紙杯喝點水，或是上個洗手間。然後，又在龍柱旁邊坐下來發呆。

我閱人無數，猜想她是失業的人，可是不敢告訴家人，所以，依然每天準時出門，假裝去上班，找工作之餘，無聊地躲在玄天上帝廟一個角落，打發時間，等到下午五點了才坐車回家去。

從高職退休的王校長也來玄天上帝廟廣場散步的時候，我把這小姐的狀況跟他說了。以前，王校長曾兩次安排我去學校演講，他欣賞我，我也敬重他認真的辦學態度，兩人就成了好朋友。現在，他的兒子在附近經營一家食品工廠，我請他試試看，能不能為這個徬徨無主的失業小姐安排一下工作？

王校長利用她喝水的時候跟她攀談，長者的關懷使她放下心防，坦然吐露失業後找不到工作的苦惱。

只見王校長笑笑，向廟裡要了紙筆，寫了兒子食品工廠的地址和聯絡電話，請她去試一試。

現在，閒閒的下午，我仍然喜歡坐在玄天上帝廟前廣場晒晒冬天的陽光，感覺很舒服。只是，那個臉色蒼白心事重重的小姐不見了。這，是好事啊。

老人的禮物

送給老人的禮物，不必多有創意，只要能傳達關懷與愛，就已經足夠。

時序進入冬季，在幼兒園唸中班的小孫子喜歡在放學後吃半張蔥油餅，所以，我常去菜市場旁邊的蔥油餅攤子購買，把一張分成兩半，我和小孫子各享受半張夾蛋的蔥油餅。

賣蔥油餅的中年婦人記性很好，每天下午我走近了，就會笑著說：「一張蔥油餅，加蛋，不要辣，切成兩份。」我笑著點點頭，給她二十五元。

「妳這地點不錯，人來人往的，生意好吧？」有一次，我問她。

她笑起來，說著：「還好啦，地主把他靠路邊的這一段土地分成八塊，租給我們做生意，每個月收租金三千元，如果生意不好，我們也租不起。」

我看她旁邊，有賣水果的、有捏飯糰的，還有賣鞋子、賣蔬菜的，八小塊地段一個月可收兩萬四千元，地主真是生財有道。哪一天，整塊地賣給建商蓋房子，因為靠近菜市場，地價昂貴，可值上好幾千萬。在鄉下，這也算有錢人了。

蔥油餅攤旁，與老友的相聚

很有意思的是，有一天我去買蔥油餅，碰上一個以前同在國中教書的老同事，起先以為他也來買什麼？結果，聽賣蔥油餅的中年婦人說明，才知道他就是有錢的地主。

我們以前常在國中一起打網球，後來我轉到市區的商職擔任心理輔導老師，一直到退休，算算時間，和他已經將近三十年沒聚在一起了。久別重逢，兩人都覺得很難得，便在賣水果的攤子邊坐下來，兩人各叫一份番

茄切片來吃。

兩個人都年紀大了，談起陳年往事，心裡感慨良多，也都確信凡事命中注定，沒辦法強求的。

他大學即將畢業時，父親病逝，留下大片果園，在農會上班的哥哥很會算計，認為靠馬路邊的果樹容易被人偷摘果子，不好防守，所以，把大片果園劃分成兩半，兄弟倆各分一半，做哥哥的便占有靠祖厝的、遠離馬路邊的部份，他順從哥哥的意思，分了靠路邊的地段。當時，被很多親戚朋友嘲笑，說他是傻子。

他當完兵後娶了太太，兩人都在國中教書，薪水勉強可以生活，所以，園裡的果子常被偷，他也不在乎。那知，三十幾年後，小鎮實施都市計劃，開闢許多道路和住宅區，他分到的果園因為緊靠拓寬後的馬路，一躍成為黃金地段，寸土寸金，倒是被哥哥羨慕死了。

「現在，公教人員的退休金，砍掉四成，使許多退休的公教人員罵聲連連，惶惶不可終日。」他笑著說：「這我可不怕，我把馬路邊的空地分成八塊，租給人家做生意，每個月收到兩萬四千元，正好可以彌補我被砍掉的月退休金。老天垂憐，傻人有傻福啦。」

我突然想到，恰好今天是一號了，便問他；「今天，你是過來收租金的吧？」

「正是，兩萬四千元收齊，我準備再加上一千元，湊成兩萬伍仟元，捐給台灣大哥大基金會，響應他們在寒冬裡送禮物給老人的活動。」

老同事從大衣口袋中拿出來稍大面積的手機，右手滑一滑，找到他剛摘錄下的一則新聞給我看：

台灣大哥大基金會發起老人的冬季禮物募集活動，希望大家共襄盛舉，踴躍捐款，為特別選出來的三百二十三個弱勢老人購買需要的禮物，例如，熱水瓶、新棉被等等。

當時擔任行政院院長的張善政是台灣大哥大基金會的董事長表示，已經為住在安養院的六十四歲美淑奶奶認購一件保暖外套，也為七十歲獨居的吳奶奶送去保暖水壺。

歲末寒冬，在老同事手機裡看到這樣疼愛老人的公益新聞，我深受感動。老同事把手機收好，有感而發的說：

「我們上了年紀的人，特別要感恩惜福，是菩薩保佑，我們才能平平安安衣食無缺過日子。所以，有能力，就要及時慈悲行善，積一點陰德。」

我當然用力點點頭。

老人最需要的禮物，是家人的愛

以前，我在監獄當心理輔導志工的時候，適逢「冬至」佳日，與囚犯一起吃飯，桌子上有又紅又圓的湯圓，我發現有些人面色凝重，大概，想起家中的親人，遺憾長久沒有團圓吧。

吃完飯，我準備騎摩托車回家，一個年輕人在停車棚等我，我認得他是因為吸毒來坐牢的小賴。他手上有一張自己畫的鉛筆畫，拜託我幫他帶給他奶奶。

畫紙上的老奶奶，莊重、慈祥，坐在一棵樹下，看著遠方，若有所思。小賴說：「我很小的時候，父母就離異，是奶奶一手帶大的，我犯法，傷了她的心，可是，我希望她知道，我會真心悔改早一天回去與她團圓的。」

我收下那張畫，心情沉重。但，我知道那是老奶奶一定會欣喜、安慰的禮物，所以，費了很多時間問路、找路，才在一個僻靜的小漁村找到小賴的家。

白髮蒼蒼的老奶奶坐在一棵樹下剝蚵仔，我說了自己的身分，把船筆畫交給她。

老奶奶起身走進屋裡，拿了老花眼鏡戴上，雙手微抖，詳細看著畫，眼淚迅速流下來。

「小賴在裡面很安份守己，每一次休閒時間打籃球，都打得很好，又叫又笑的，很開心。」

老奶奶微微笑聽我說話，擦掉眼淚，坐在破舊的沙發椅上，哽咽著說：

「多謝，多謝……」

我環顧周圍，景況蕭條，看得出來老奶奶守住這個家多麼不容易，了解她多麼殷切盼望孫子出獄回來團圓。一張鉛筆畫，不知她每天要撫摸、凝望多少回呢。

時隔多年，每想到我親手送交的這一份老人珍貴的禮物，我心中都塞滿濃濃的疼愛。

春節裡的領悟

春節假期裡，一場意外的扭傷，讓我在急診室裡遇見一位因為晚輩孝順而幸福滿臉的老婦人，也欣賞了一部好電影。

春節期間，我這個退休的老人也和一般上班族一樣輕輕鬆鬆享受了優閒的假期。

除夕這天黃昏，我騎摩托經過官田區的葫蘆埤自然公園，聽到有人唱歌的聲音，我便停車，在碧綠的水邊坐下來。

春節的第一天，男女老少遊客很多，許多小孩子在草地上嬉鬧追逐，我這個有三個孫子的老人看在眼裡，感覺很棒。

在一間名為「錢來也」的零食雜貨店外面，一對年輕男女以歌聲、樂器分享大家。男的吹長笛，女的一邊彈電子琴一邊唱歌，中、英文和台語歌輪流出現，許多人和我一樣，優閒地圍著兩人分享、欣賞。

有一個穿著整齊西裝的中年人走到兩人放置在草地上的「圓夢箱」，放下一張紅色百元鈔票，接著，一個小女孩也跑上前丟下一個五十元硬幣，稍後，一個中年婦人走出人群，除了在「圓夢箱」放下兩張百元鈔票，還對唱歌的女孩子豎起大姆指，表示讚美。

受到這些人的鼓勵，女孩子臉上的微笑更甜美，男的吹長笛的動作更優雅了，現場的氣氛十分美好。

一般街頭藝人，會在表演現場放個「打賞箱」，希望欣賞的人或多或少放些零錢。這一對年輕男女放的卻是「圓夢箱」，圓夢二字比「打賞」感覺上更上一層，有著兩人要努力在音樂才藝上追求美好夢想實現的意思。什麼是夢想呢？有朝一日成為國內外有名的小樂團？還是存夠了錢出國深造，研究更深音樂領域？

想到這裡，我不禁對表演中的兩人拍拍手。年輕是多美好、多有夢想與勇氣的歲月啊！

春節裡的扭傷意外

大年初一，陪孫子們玩耍，一個急速轉彎的動作，使我扭到左腳的腳踝。當下，只是坐下來，用手揉一揉，減少疼痛，沒把它當一回事。沒想到，晚上起床尿尿時，左腳一踩到地，疼痛得叫出聲來，才知大事不妙。畢竟年紀大了，禁不起扭傷。而且，這傷勢拖延下去看來不會自己痊癒，必須及早處理才好。

大年初二，上街找診所想看醫生，卻，每一家都關門不營業，只好直奔郊外一家大型醫院掛急診。急診室有兩位醫生，普通內科和骨外科的，我當然被叫到骨外科醫生面前坐下。他問過詳情後，便安排我照X光。

從X光室回來，我找一張椅子坐下，耐心等候醫生複診。

感恩、惜福，自然健康、喜樂；怨恨、憂鬱，容易疾病纏身。雖然是醫院牆上的標語，但足以成為生活上的座右銘！

一個八十多歲的老婦人坐著輪椅進來，她臉上有擦傷的痕跡，推輪椅的中年人說，他母親剛才在廚房裡跌倒，不知傷勢如何？請醫生詳細檢查。醫生立刻仔細查看，並且請護士進行清洗、消毒。

中年人說，母親因為女兒從北部回來，很高興，堅持要自己下廚房煮鮮魚湯給女兒吃，就滑倒了。

老婦人微微笑，清楚地說：「沒什麼啦，又不疼。」

醫生忍不住也笑了，稱讚老婦人精神好，疼女兒，是個好母親。問她平常有吃什麼藥？中年人代為回答，有吃高血壓的藥，也吃預防便祕的，預防心臟病的。

聽中年人的說明，我明白他平常一定把年邁母親照顧得很好，不禁在心裡稱讚他是個孝子。因為有孝子陪伴，所以老婦人日子過得幸福、快樂，在廚房裡跌倒，不喊疼、不抱怨，神情穩定、自然，冷靜地接受治療。

我在領藥時看到牆上兩行大字：

感恩、惜福，自然健康、喜樂。
怨恨、憂鬱，容易疾病纏身。
這兩行字說得太好了，真是我們老人的座右銘。

腳傷休養期間，好電影相伴

遵照醫生的吩咐，我盡量不出門活動，要讓扭傷的腳踝好好休息。所以，大年初三、初四，我都待在老屋子靜靜地聽音樂、聽廣播，看錄影帶消磨時間。

看了一部歌舞片《樂來越愛妳》，讓我感觸良多。

這一部電影，因為是歌舞片，我起先有些排斥，不過因為它在金球獎中連奪最佳影片、導演、男女主角等七大獎項，我才耐著性子看完。然後我想說，的確是好片。

男主角是落魄的爵士樂愛好者，以演奏鋼琴為生的他，最大的心願就是擁有自己的酒吧，天天彈奏爵士樂讓人欣賞。

女主角本是飲料店服務生，與男主角發生戀情，她一心一意要當電影明星。可是，成名後，兩人卻分手了，她嫁給大商人，也生了可愛的孩子。

有一天，女主角偕同丈夫進一家酒吧休息，熟悉的爵士樂響起，她看到彈琴的男主角。兩人默默四目相對，只能黯然離開，道盡了人生無奈的分分合合。

男女相愛，結婚後常因庸俗的生活細節而翻臉分手，還是在愛意正濃時分手，互相留下美好回憶比較好呢？

春節的最後一天，下午，我在體育公園的籃球場看了一場很精彩的比賽。參賽者雙方都是泰國來台灣工作的外勞，趁著春節假期不用上班，大家聚在一起打球聯誼，排遣思鄉情懷，挺有意思的。

年輕人打球，勇猛攻擊，渾身是勁，防守時奮力爭球，迅速補位，種種精彩動作引得場外看球的男男女女又是拍手又是尖叫，氣氛熱烈到彷彿隨時要爆炸了。

在台灣，外勞人數高達數十萬人，泰國、越南、印尼、菲律賓等國的年輕人常出現在大街小巷，明顯展現小小台灣島的多元文化，美好的種族包容水準。

而對照美國總統川普剛上任時，下令禁止包括伊朗在內的七國穆斯林民眾進入美國，結果，當時全美國有十六州的檢察官和百多位外交官齊聲反對川普的禁止命令，司法部代理部長和移民局局長也因為拒絕配合而被免職。

美國的混亂，真是一個大笑話啊！

錯亂人生

人生進入老年，不論過往人生的經歷如何，不要存在著矛盾，要腳踏實地認真生活，才是最棒的晚年。

二月中旬，早已過了節氣中的「立春」了，每天的氣溫卻還是冷颼颼的，憶起曾經看過的電影《沉默》。

《沉默》這部電影是在台灣拍攝的，導演、男主角、男配角全是歐美赫赫有名的大咖，片長兩小時四十分，實在很有看頭。故事講述一位葡萄牙籍的年輕神父，在西元一六四〇年，歷盡千辛萬苦抵達日本，要努力宣揚基督教，另外，也尋找他的老師。

其師早已到日本傳教，但傳聞，老師在日本受到幕府將軍的種種壓迫，已公開背棄基督教，歸化為日本人，取了日本名字，和日本女人結婚，也生了孩子。年輕神父立誓要找到老師，把事情問個明白。

日本幕府統治階級，認為基督教對日本民心的穩定有危險性，所以，凡抓到基督徒便嚴加凌虐，甚至燒死、溺斃。在這種狀況下，躲躲藏藏傳教的年輕神父飽受折磨，最後，為了不忍心看到他的信徒被吊在小小的地穴裡活活悶死，加上尋找多時的老師突然出現，不斷勸說下，他投降了，同意踩踏耶穌的雕像，公開宣佈棄教，改日本姓名，娶日本女子為妻。

幾十年過去，老師死了，這神父年紀也大了，他幫忙日本政府做了很多取締基督徒的事情，因為，他認為上帝一直保持沉默，對他和老師的悲慘遭遇和錯亂人生不聞不問，實在令人灰心。

他死後，被按照佛教儀式入殮火化，導演在最後一個鏡頭讓我們看到在木棺裡的他，左手掌出現一個十字架。原來，在內心深處，他一直是堅定的基督徒，上帝也從來沒有放棄他。

聽說，導演思考、籌備這一部電影長達二十八年之久才進行拍攝，所以如此大費周章，也因為他自己的錯亂人生。導演年輕時候曾希望成為神父，便進入神學院唸書，可是，中途被開除而退學，因為他信仰不堅定，無法忘情種種男女情慾，只好改行投入電影事業，過著風花雪月男歡女愛的真實生活，他內心的動盪不安、自我矛盾可想而知。

同為作家，不同的人生道路

《沉默》這電影的原作者是日本赫赫有名的大作家，遠藤周作，日本人崇拜他，國際文壇也對他刮目相看。在日本，作家常常是收入極高的一群人，因此，只要有機會踏入文壇，很少人會中途改行、放棄。在台灣則不然，小小島嶼，閱讀人口少，作家的稿費、版稅收入不多，生活窮困、潦倒是常有的事。

有一個朋友，跟我差不多同時期出現於文壇，他的短篇小說寫得很棒，又跟我一樣在國中教書，因此，我很欣賞他。在一次作家聚會中，我們認識了便聊得很愉快，成了好朋友。

可惜，他後來認為寫作不是有出息的事業，為了滿足權利慾望，他積極與政治人物交往，最後，投入議員選舉。成功選上後，便不當國中老師，也不寫小說了。

他的太太不能忍受他成為掛著假面具生活，不問是非只論利害關係的政治人物，憤而離婚，帶著小孩離開。

第二次競選議員時，他被抓到賄選被起訴而落敗，沉寂一陣子後，他投靠一個大咖卻爭議不斷的政治人物，在其支持下，他搖身一變成為電視政論節目的名嘴，開始為了黨派利益和電視台的收視率，每天鼓其如簧之舌，妖言惑眾散播是非。

這樣錯亂的人生，與當年在國中教書從事小說寫作，強調的是心靈的純潔與自由，散播尊嚴與慈悲、人道等種種理念是完全背道而馳的。我常想，這種轉變，能讓他安心嗎？午夜夢醒，不感到慚愧嗎？

腳踏實地，才是最快意的老年生活

十幾年過去了，我在一次退休公教人員旅行中，意外聽到有人談起他的事，他已經在六十六歲那年因為腦癌而病逝。當晚，在家中，我找出他年輕時送我的小說集《斷尾求生的壁虎》來看，真是不勝噓唏。

同樣是教書的，同樣是作家，東海大學的彭懷真教授則備受同行尊敬。年輕時候，我在彰化的師範大學心理輔導研究所進修時曾是他父親的學生，從此養成在報紙上拜讀他的文章、在收音機裡聽他廣播節目的習慣。他對年輕學生的照顧與支持，對家人的呵護與疼愛，是我平常在演講中津津樂道的事情。還記得，我聽他以「成全」為主題的一段廣播，聽他說起當外公的喜悅心情，用心陪伴外孫女可以使女兒、女婿安心去上班工作的種種細節（當時他才十九個月大的外孫女已經可以說：「愛你喔！」多令人心疼。）我真是心有戚戚焉。

晚年的我，日常生活就是幫兒子、媳婦照顧小孩子，雖然時間被綁住了，也常常感到勞累。但是，我甘之若飴，樂此不疲。因為我這樣做，兒子、媳婦才能安心上班工作啊！何況，小孩子上幼兒園唸書後，我在麻豆小鎮裡處處可以回想起我和他說說笑笑、一起玩樂的情形，心中立刻充滿溫馨感覺，這正是老年生活最腳踏實地最寶貴的心境。

感謝老天如此安排我這個老作家的美好生活。

老人泡澡的快樂

憶起父執輩的老年病痛纏身生活，連泡個澡都是享受的那時，不禁讓人許下：離開時死得快又不疼痛的心願。

日常生活中，老人能輕鬆享受快樂的時候並不多。

一向對家人關心的，會擔心這個、掛念那個，幾乎每天都有麻煩事要操心。向來與家人疏遠，標榜逍遙自在過生活的，一旦年紀大了，病痛愈來愈多，也會沮喪消沉逐漸失去笑容。

快到母親節了，在報紙上看到記者楊起鳳報導，名作家瓊瑤不久前才公開罹患失智症母親病故前種種艱難的生活狀況，所以她在臉書上要求兒子和媳婦在她病倒時不急救、不插管不要送進加護病房，事後不發訃文、不公祭、不設靈堂、不出殯，要盡速火化安葬。

瓊瑤透露，她的先生皇冠出版社創辦人平鑫濤，生前也得了失智症，臥床住院數百天，差不多人事物都忘記了，瓊瑤只能祈禱他「最後一個忘記我」。

我們老人啊，苦惱這麼多事情，真的是少有快樂。勉強可以苦中作樂的話，也許，逗弄小孫子，聽他（她）們純潔可愛「呵呵呵」「哈哈哈」的大笑聲音，或，舒舒服服泡個熱水澡吧！

一天，在報紙上看到花蓮的記者徐庭揚報導，創世基金會，花蓮泡澡天使團隊的志工，護理師孫筱筑與退休護理人員郭淑芬等人到八十九歲的阿嬤家中，在床邊放好鐵架，舖上帆布墊子，做成臨時澡盆，放入溫暖熱水後，細心地幫阿嬤洗澡。泡在熱水裡，阿嬤舒服、快樂的笑靨瞬間展現出來，感動好多人。

不過，因為目前老人泡澡天使團的志工只有四個人，列管有案的老人

我們老人吶，就逗弄小孫子，聽聽純潔可愛的大笑聲，或，舒舒服服地泡個熱水澡吧！

家要保持一個月至少有兩次泡澡的機會，使四個人每天忙得團團轉，一天也只能服務四個臥病在床的老人家，希望能有更多志工投入這愛心行列，讓老人家的快樂笑靨，時時出現在花東偏僻地區。

很高興在報紙上看到如此溫馨、感人肺腑的新聞，這篇報導，對我來說真是感同身受，不是我目前洗熱水澡有多麼享受，而是，回憶一下子把我拉到三十幾年前，我父親衰老病重時，我幫他洗熱水澡的美好時光。

與中風後父親的相處點滴

父親經過兩次小中風後，行動遲緩不方便，那時，台灣還沒有外勞可以僱來照顧老人，老人如果病重，請臨時看護，一天要費用一千八百元，一個月要花上五萬四千元。我當年在國中教書，一個月的薪水才三萬多元，自然不能長時間僱用本國看護來照顧父親，所以，很不好意思，七十多歲的父親大部份時間都是孤孤單單一個人過日子。

枯燥乏味的日子中，父親最喜歡的活動有兩個，其一，我用輪椅推他上街採買水果、蔬菜果汁和切成一圈一圈的新鮮草魚，因為父親愛吃清蒸草魚配飯。其二，每隔兩、三天，我幫他洗一次澡。

洗澡時，先在浴池裡放好半滿的溫熱水（冬天是熱水，夏天是溫水）。等父親脫光衣服，我牽著他慢慢走進浴池，讓他慢慢坐下，然後，我拿起杓子裝了水，從他的脖子後面慢慢淋下去，立刻，父親感受到溫熱水慢慢流過脖子、背部、腰部的舒服感覺，會忘情快樂地叫起來：「喔！喔！喔！」這樣淋水的動作要重覆好多次，讓父親充分享受泡澡的樂趣。

再來，我用香皂塗滿父親全身，用力幫他擦洗全身，直到我自己汗流浹背也沒了力氣，才讓父親站起來，擦乾身子換上乾淨的內衣褲。

泡完澡，父親的情緒明顯地好，他會和我聊起許多事情，尤其是難以忘懷的往事。

有一次，父親說，他國小快畢業的時候，級任老師到家裡來坐，告訴祖父，孩子很會唸書，繼續留在鄉下幫忙種田太可惜，應該鼓勵他升學，將來才有好的前途。可是祖父認為他是長子，種田是他的本分，出外唸書太花錢，負擔不起。因為這樣，他失去報考嘉義農林學校的機會，失去長大後進入糖廠工作的好前程。

父親拿出他用了一輩子的鏡子給我看，上面有「皇民賞」三個字，旁邊註明地點是「曾文郡」。原來，雖然失去升學唸書的機會，可是日本老師器重他，安排他務農之餘在村塾幫忙教農民認字、讀書。學期結束後，頒發一個有紀念性的長方型鏡子給他保藏。

父親嘆口氣，做了結論說，他不是做農夫的料，把田地分給弟弟們之後，他選擇出外做生意謀生，可是，做生意他也不行，搞到中、晚年窮困潦倒，一切都是命呐。

最後，膽囊癌奪去父親的性命，那是一九九〇年的事，父親享壽八十二。如今，我也老了，膝蓋疼痛，上下樓梯變得艱難，就像父親當年的情況，因此，我搬進父親以前居住的老屋子，在此養老。

當自己也成了老人

像所有的老人一樣，我也愛泡熱水澡。每當我半躺在父親當年用過的澡盆裡，自己用杓子裝水慢慢淋過脖子和背部，舒服的感覺剎那間湧上心頭，便彷彿聽到父親當年的聲音：「喔！喔！喔！」

這麼多年了，父親雖已離去，他快樂的聲音卻封存在老屋子裡，隨時會從凝固的時間當中跳出來陪我。

我偶爾會想，泡在熱水裡，有一種接近暈眩、昏迷的感受，如果心肌梗塞，一下子失去性命，就可以去找我父親了。死得快，不疼痛，是現代老人的普遍心願，不知父親在天之靈是否可以如此賜福於我？

愛因斯坦給後人的啟示

不論是偉大如愛因斯坦，或是我的詩人朋友，還是幫助孩童的大善人，不盲目追求名利財富，願意敞開心胸助人，才是最偉大的。

平常，我會向神明禱告；請保佑我這個卑微的老人，在該死以前，身體健康狀況還好，可以上下樓梯走路，眼睛看得見東西。

因為，一九四七年出生的我，確實老了，膝蓋已經退化，上下樓梯會疼痛，眼睛則衰退嚴重，看東西有點模糊，我很擔心有一天會變成瞎子，日常生活無法自理。

這天，我坐在郊外美麗的葫蘆埤自然生態公園裡，一邊吃著煮熟的菱角，一邊向神明禱告：「今天慶祝我的生日，請神明督促我效法偉大科學家愛因坦的心靈，恬靜簡樸過日子。」他曾經用德文在一張小紙條上寫下：「恬靜簡樸的生活，比汲汲營營追求成功更快樂。」

一九二二年，愛因斯坦被宣布獲得諾貝爾物理學獎，他應邀前往日本東京演講，在下榻的帝國大飯店，有信差送給愛因斯坦一件重要訊息，恰好，愛因斯坦身邊沒有零錢可當小費給他，於是，他在一張紙條上寫了「恬靜簡樸的生活，比汲汲營營追求成功更快樂。」來送給信差。一時興起，愛因斯坦又在另一張紙條寫下這樣的話：「有志者，事竟成。」

二〇一七年，這兩張紙條在耶路撒冷的公開拍賣會上賣出，前一張賣到新台幣約四千七百五十萬元，足見世人對愛因斯坦的敬重，對他提醒世人要重視恬靜簡樸生活的欣賞。

白詩人與孫悟空，成功者的不同結局

我十幾歲的時候，在台南一中結識一個很有意思的朋友，我們都十分喜歡文學寫作，他寫詩，由於他的姓，白，便很有詩意，所以，大家都叫他白詩人。

我們經過大學聯考的痛苦折磨，雙雙分發在台北的大學，我唸枯燥乏味的法律系，他則在山上唸他喜愛的中文系，彼此常常加油打氣，我開始在報紙副刊上發表短篇小說，白詩人的作品也常常出現。

當完兵，我選擇回到鄉下教書，優閒、自在的生活環境，讓我有足夠的時間和精力從事文學創作。白詩人留在台北一家雜誌社當編輯，三年後，才華洋溢的他竟然創立一家出版社，編了一套現代散文選和現代詩選，轟動文壇。

結果，出乎我的意料，白詩人竟匆匆結束出版社的工作，也回到南部鄉下當起國中老師。

原來，他的父親早逝，他不忍心年老母親中風後獨自過著寂寞痛苦的生活，毅然決然放棄大好出版事業，回鄉下老家陪伴她。

三十幾年來，白詩人很用心寫詩，每隔幾年就出版詩集，國中老師退休後，他應邀去一所私立大學文學系教文學創作，也開始寫台語詩，在一個基金會的支持下，定期的編台語詩雙月刊出版分享同好。

每一次收到白詩人免費贈送的台語詩雙月刊，雖然我大都看不懂那些羅馬拼音，但，白詩人的身影總立刻浮現眼前。我欣賞他隱居鄉下過著恬靜簡樸的生活與大自然密切契合的心靈狀態，完全沒有浪費母親給予的生命，還使之更有價值。

和白詩人相反，我也時常在報紙、電視上看到一個相當醜陋的人影。他，曾經是我在台南一中的小學弟。他姓孫，恰好長得瘦瘦的，個性又精靈好動，大家便替他取一個有趣的外號——孫行者（孫悟空）。

他考上一所私立大學的建築系，聽說功課很不錯，活動力又強，一畢業便被一家著名的建築事務所延攬，成為活躍的建築師。

二、三十年後，孫行者成為營造業的大老闆，有一次報紙報導他回家鄉蓋了豪華別墅，在別墅中舉辦熱鬧宴會，參加的有縣市長、民意代表和有頭有腦的地方人士，足見他交遊廣且有影響力。看得出來，二、三十年的汲汲營營，成就非凡。

可是，不多久，他捲入弊案被收押。原來，他為了爭取到有利的營造物，以大量金錢賄賂官員，被祕密證人告發，他和承辦官員便坐牢去了。沒想到在牢獄中，孫行者也不安分，始終以為金錢萬能，有錢可使鬼推磨，於是收買獄卒，讓他可以勾結相關人員煙滅犯罪證據。種種惡劣行徑，電視新聞一再報導，醜陋的嘴臉令人看了厭惡至極。

第一件案子還在審判中，孫行者靠著花大錢請著名律師想盡辦法保外就醫，不到一年，又有賄賂官員的另一個案子爆發，難堪又無法承受坐牢痛苦的孫行者，在被監禁前夕無奈地在他蓋的大樓跳下自殺，死得好慘。

這樣汲汲營營不擇手段爭取成功的一生，不知有何意義？

將成功轉換成助人的能量，多好

有幾次，我騎摩托車經過孫行者在家鄉蓋的豪華大別墅，發現根本沒有人居住，荒煙蔓草，十分荒涼。花了這麼一大筆錢，只為了炫耀自己的成功和有辦法，何等愚蠢。如果把這些錢拿來幫助家鄉的貧困鄉親蓋簡易住宅，或，幫助弱勢家庭的孩子能夠補習使功課進步，該有多好？

說到幫助弱勢家庭的孩子把功課弄好，我便想到一個值得敬佩的人。根據嘉義記者卜敏正的報導，黃金山先生，從台北世貿二館的館長職位上退休下來後，在嘉義的民雄鄉設立一間二手書店，賣書之餘，他召集附近大學的學生採取一對一的有效方式，幫助附近弱勢家庭的孩子補習功課，至今，已有七百多個小朋友受過協助，他（她）們也借書回家閱讀，有助於心靈成長。

黃金山先生，這名字取得真好，使人有一種純正、光明磊落的感覺，退休後遠離混亂、喧嘩的台北，回到單純、優閒的鄉下，整日以書為伍，又能提供寧靜空間，讓小朋友安心復習功課寫作業，他的生活，正是愛因斯坦說的「恬靜簡樸」，何等美好！

我知道許多知識分子是不看電視節目也不閱讀報紙的，他（們）以此方式逃避目前台灣惡劣、低級資訊的干擾，也拒絕純正美好的心靈受到政治人物的污染，這是消極的作法，如果能夠積極的挺身而出，以慈悲助人的方式倡導新的生活方式，強調不盲目追求名利財富，要培養謙虛講究廉恥的品格，多花時間陪伴家人融合感情，台灣，一定變得愈來愈好。

小樓一夜聽春雨

與子女同住，並非老人家的唯一選項，若各方面條件許可，可以獨自居住，並保持與家人的往來，給自己一個機會享受獨處的魅力。

我很慶幸，自己有一棟簡陋但是幽靜的老屋子可以獨處、養老。

這一棟老屋子是三層樓房，位在小路旁邊，原是父親晚年居住的地方。四十幾年前，父親年老膝蓋無力，上下樓梯很辛苦，為了減少他日常生活的不方便，我想盡辦法借一百二十萬元，在我家附近買了這棟三層樓房，二、三樓不使用，只把二十坪大的一樓隔成客廳和臥室，給父親一個人居住。我送飯給他吃的時候，常發現他滿足地坐在屋簷下看來來往往的行人，或，在客廳打打拳，聽聽收音機的節目。顯然，父親對我的安排很滿意。

教書之餘，我利用星期日的空檔，在台南市的補習班教兒童作文，整整十年，用這一份額外的薪水把所欠的一百二十萬元還清了。當年的辛苦兼課，換成現在的美好享受。現在，七十多歲的我，腰椎長骨刺，上下樓梯十分疼痛，所以，清明節過後，我選擇離開家人，一個人搬進空了很多年的老屋子來住。在這裡，我自由自在看電視聽收音機，或，安心寫作，或，效法父親當年的娛樂，坐在屋簷下看行人看熱鬧，真是愜意。

我有兩個兒子，小兒子先結婚，夫妻與我同住，小孫子也由我和太太幫忙照顧。大兒子結婚後住在我們斜對面的另一棟房子，生了雙胞胎女兒，我也要幫忙看一看。

這幾年，我出錢出力維持兩個家庭的和諧運作，當然很辛苦，兩個兒子兩個媳婦都看在眼裡，對於我搬到老屋子一個人過生活，只在早晨和傍晚回家與家人說說話的決定，也只有默默承認，我有放下重擔的權力了。

獨居老人，也可以非常愜意

晚飯過後，我躺在搖椅上聽收音機的藝文節目，主持人提及世界大文豪莎士比亞逝世四百週年紀念日時，在英國的莎士比亞故居史特拉福小鎮有盛大的慶祝活動，連美國總統歐巴馬都前往「環球劇院」參觀「哈姆雷特」的片段演出，並上台與演員握手，表示對莎士比亞的特別敬意。

聽著主持人播放的歌劇音樂，我迷迷糊糊睡了一會，醒來，發現下雨了，綿綿春雨打在窗上、門板上，稀稀疏疏的雨聲使我高興的微笑起來。

「小樓一夜聽春雨」這七個字，一下子在我腦海中浮現。這是我最喜歡的武俠小説作家古龍在《多情劍客無情劍》一書中常常描寫的場景。

中年的李尋歡，綽號「小李飛刀」，進士出身，卻不喜歡醜陋官場生活而浪跡江湖，他輕薄狹窄的飛刀不知藏在身上何處，可是，一旦出手，

在老屋裡，我自由自在地看電視、聽收音機，或，安心寫作，或，效法父親當年坐在屋簷下看行人、看熱鬧，真是愜意。

絕不虛發，必中對手咽喉喉結，邪惡之人因此聞風喪膽，避之唯恐不及。他平日不多話，總是獨來獨往不愛交際應酬。很多時候，他甚至連眼睛都閉著，因為，這世上，值得看上一眼的人愈來愈少了。

很多個孤獨的夜晚，李尋歡在小小樓房裡默默聽著沙沙雨聲一直到天亮，怡然自得。

監獄服務往事，勾起重讀武俠小說念想

黑夜中，我任由沙沙雨聲把我整個人包圍了，想起以前在嘉義監獄講古龍的武俠小說給受刑人聽的往事來。

我是以作家和退休心理輔導老師的身分，前往監獄應徵義務教誨師的。典獄長特別在我第一次講課給受刑人聽之前召見我，勉勵我穩定受刑人的情緒，敦促悔改、向上。

我發現，很多教誨師是宗教界人士，他們以佛教、基督教義理講課，

似乎老生常談引不起受刑人的注意，我別出心裁，第一次上課就講〈宮本武藏決戰佐佐木小次郎〉，稱讚宮本武藏年輕時候叛逆，在老和尚的教導下悔悟、改正，成為智勇雙全武士，最後應用智慧打敗赫赫有名的佐佐木小次郎。第二次上課，我講荊軻刺殺秦始皇的故事，強調男子漢大丈夫，當為公義制裁暴君，而不是在鄉里間逞強鬥勝，被人瞧不起。

再接下來，我一一介紹武俠小說家古龍筆下奇奇怪怪的英雄人物，行俠仗義，保護弱小，才會受人尊敬而津津樂道，我發現，受刑人好喜歡聽我講課，我教誨的對象從二、三十人的吸毒班擴大到上百人的綜合班，眾多受刑人聽我講「盜帥楚留香」的風流倜儻，《絕代雙驕》中小魚兒的刁鑽厲害，我特別告訴大家，寫科幻小說聞名的倪匡編刊物時，邀古龍寫《絕代雙驕》，可是古龍忙不過來，時常斷稿，倪匡不得已代為寫作，把男主角小魚兒寫死了，後來，接到古龍的續稿，小魚兒才又復活過來。以後，講《多情劍客無情劍》中的「小李飛刀」李尋歡更是引人入勝，一講再講，沒有受刑人厭煩。

可惜，古龍只活到四十九歲就病死了。聽說，倪匡從香港趕來台灣送他最後一程時，送他四十九瓶上等紅酒，安慰他在天之靈。文人相知相惜，真是別出心裁。

現在，我在父親生前住過的老屋子裡養老，長夜漫漫，也許，該去買一整套的古龍作品來，一本又一本詳細地再讀一遍，一來表示對古龍寫作才華的敬重，二來，讓古龍筆下那些聰明絕頂、驚才絕藝的武林人物常常浮現我腦海，可以使我忘卻現實生活的庸俗無奈，把日子過得快樂一些。

第二章 當個愛趴趴走的銀髮族

走走看看，不錯過任何風景

旅行不是年輕人的專利，
更不是非得到遠方或是出國才算數，
只要帶著愉快的心情，即使是個小公園也能充滿樂趣。

烏山頭水庫看櫻花

一台摩托車，想去哪裡騎上就走，趁著還能活動、還能到處去，好好把握時間，隨時來趟屬於自己的老年小旅行。

三月中旬，肆虐台灣兩、三個月的寒流終於消聲匿跡，春天暖和的氣息瀰漫周遭。我在報紙的地方版上看到一張彩色放大照片，是烏山頭水庫百棵櫻花盛開的美景。於是，我騎上摩托車，前往距離麻豆二十公里遠的烏山頭水庫，準備來個半日遊。

老人優待門票連同摩托車通行費只須八十元。我騎摩托車慢慢繞過烏山頭給水廠，上了大水壩的斜坡，左轉，便到了比較低窪的櫻花公園。

粉紅色的櫻花在碧綠的水庫映照下顯得美艷華麗，一棵又一棵八重櫻、河津櫻沿著壩堤迎風招展，令人彷彿置身於以櫻花聞名的日本。所以有此錯覺，是因為烏山頭水庫就是日本人八田與一興建的。

我在一棵八重櫻樹蔭邊坐下，微風吹來，一片櫻花飄落我身上，把我的思緒引到二十多年前的日本旅遊。

那一年，我轉到台南高商擔任心理輔導老師。春天的時候，學校裡十多位男女同事組團要到日本看櫻花，我立刻報名參加。

站在日本東京的上野公園大門口，大夥兒驚訝得目瞪口呆。天啊，上百上千棵櫻花正好盛開，紅色、白色、粉紅色花瓣隨風搖曳，爭妍比美，那壯大的花海好像要把遊客一口氣吞噬下去。

日本賞櫻，歷史與美景交融的體驗

許多日本人在櫻花樹下鋪上蓆子，準備了佳肴和美酒，吃吃喝喝，逍遙又自在。有的日本婦女特別穿上華麗的和服，手持扇子，隨音樂起舞，她們的男伴則拍手附和。遠遠看去，彷彿人間仙境。

先前，我剛看完八十多冊的《德川家康傳》，對日本人的習性有幾分了解。日本人從戰國時代開始，連年戰亂，人人生命朝不保夕。因此，對櫻花十分著迷。在人們看來，櫻花從二分開、五分開、八分開到全部花瓣綻放，有如人的少年、青年、壯年到老年，各階段都有煥發的英姿，令人讚賞。所以，一個人只要能把握時機大放異彩，成就一番事業，便已功德圓滿沒有缺憾。故，生命貴在精彩，不必計較長短，這就是日本人的武士道精神，隨時隨地可以因為任務完成而犧牲生命，沒有留戀沒有抱怨。

在戰場上，日本人可以為主公效命、盡忠，死而後已。在和平時代的商場上，人們也一心一意效忠企業主，鞠躬盡悴，無怨無悔。因此，櫻花盛開時，男男女女歌舞酒醉於繽紛花下，以武士道精神檢討自己平日的所作所為。（當然，這種武士道精神在現代怕吃苦的軟弱年輕人身上已經看不到了）

前往大阪，櫻花故事再一篇

我們旅行團，從東京繼續轉往大阪，豐臣秀吉興建的六層樓高的天守閣，成為大家拍照留念的對象。我在一棵歷史悠久的櫻花樹前看到一塊木板，註明此地是豐臣秀吉的獨子豐臣秀賴自殺身亡的地方。我在櫻花樹前徘徊良久，不忍離開。

戰國時代，豐臣秀吉原本是卑賤的目不識丁的小兵卒，是替織田信長牽馬的，但，憑著他的聰明才智和過人膽識，逐漸成為織田信長的左右手。殘暴的織田信長在寺廟中被放火燒死後，豐臣秀吉迅速統一日本，成為一代霸主。

歲月不饒人，晚年病重的豐臣秀吉知道德川家康正對大阪虎視眈眈，心想自己年幼兒子豐臣秀賴絕對不是他的對手，不由得感慨萬千，舞蹈著唱出「辭世之詩」：

露水一般下降，又露水一般消失的人生，
我在大阪經歷過的榮華富貴，
真像夢，
真的只是一場夢呀！

事情果然如豐臣秀吉所預料，他死後不久，德川家康率大軍攻打大阪城，逼得年幼柔弱的豐臣秀賴在櫻花樹下切腹自殺。那激射而出的腹中鮮血，比櫻花花瓣還紅吧。

烏山頭賞櫻，追憶難得的人情味

二十多年來，台灣在許多水庫和山中旅遊景點種了很多櫻花樹，所以，喜歡看櫻花的民眾就不必在春假期間往日本跑了。

我走過烏山頭水庫的壩堤，走到水庫旁邊高聳的公園，這是以前用水庫挖出的泥土堆積而成的小山丘，俯瞰整個水庫優美景色最適宜。

我五十歲便從台南高商退休，好專心寫作。當時報紙報導，居住在烏山頭水庫附近的退休公教人員可憑證件免費進水庫遊玩。因此，連續好幾天，我騎摩托車到水庫來玩，在小山丘上的公園閒坐。

有一天中午，一個小女孩用盤子端著兩碗蒸熟的碗粿走過來，說要給我吃。原來女孩的媽媽在附近賣碗粿，常看我在小山丘上閒坐，以為我是失業的中年人，怕我一時想不開跳水自殺。所以，免費請我吃碗粿，填飽肚子，不要胡思亂想才好。我好感動！趕快把碗粿吃了，然後拿盤子去還給賣碗粿的那個好心的中年婦人。我出示退休證件給她看，說我有退休金可以生活的，不是失業挨餓的可憐人。給她五十元硬幣當做碗粿的錢，我還再三稱讚她有人情味，懂得同情陌生人，非常難得。

歲月流失，二十幾年過去了，我已是衰老的七十多歲老人，重遊烏山頭水庫看美麗櫻花，想起這個賣碗粿的陌生婦人，心裡仍然存著感激與佩服。大家說台灣最美麗的風景是人，一點也不假。

擺渡人

不論是電影《擺渡人》的主角或是玄天法寺裡的出家人，甚至從事心理諮商的自己，做的都是「擺渡人」的工作呢！

一月一日，天氣晴朗，不像是寒冷的冬天。我這個老人遊興大發，清晨六點，從麻豆騎摩托車出發，繞過六甲區的工研院南部分院，進入山區，早上十點整，抵達楠西區著名的宗教觀光勝地：玄天法寺。

這是內政部票選台灣百大宗教觀光據點，被譽為人氣旺、第一名的玄空法寺，由全真老和尚創立，以美不勝收的庭園造景聞名全台灣。我已經連續兩年收到友人轉送，以玄空法寺庭園造景製作的大型彩色年曆，常常好奇注視良久，因此，決定大年初一趁著天氣好親自造訪。

溫暖陽光照耀下，男女老幼遊客擠滿玄空法寺，我按照導遊指示，先到寺院後面瞻仰全真老和尚的高大塑像。

老和尚是微胖之人，滿臉慈祥微笑歡迎大家前來，我恭恭敬敬向他行禮，敬佩他窮一生精力開創入世的宗教事業，勉勵人積德行善，清除自身業障。

我在老和尚大塑像旁邊的石塊坐下，看著人來人往的遊客，忽然想到先前看過的一部賀歲電影《擺渡人》。

這是影星梁朝偉和金城武聯合主演的搞笑浪漫喜劇，兩人在片中經營擺渡人酒吧，賣酒、賣簡餐，也做心理輔導。在古代，擺渡人是在河邊划小船或竹筏把客人送到對岸去的行業，在現代，擺渡人是點醒人們的迷糊，助人渡過苦海，回頭是岸。

梁朝偉時常掛在嘴邊的一句話是：「感同身受。」

這句話，換成心理輔導工作者的口頭禪是：同理心。

想要輔導別人，最重要的便是有同理心，站在對方的立場，去感受他（她）的哀傷悲痛，進而贏得信任，使他（她）療癒後重新出發，樂觀、奮鬥過生活。擺渡人酒吧裡掛有四行大字：

我來了

我累了

我活了

我走了

當人們感到心灰意冷疲累不堪，來到擺渡人酒吧，與梁朝偉聊天、喝酒，獲得安慰、了解與友誼、信心，便離開走人，又是英雄好漢了。

我也是擺渡人

我一生做著心理輔導的工作，所以很喜歡梁朝偉和金城武改變戲路後主演的《擺渡人》這部電影，也使我在玄空法寺裡，安靜地回想自己一輩子走過的路，心裡很篤定、很滿足。所有玄空法寺裡的出家師父、師姊做的便是「擺渡人」的工作，苦口婆心勸人孝順父母疼愛家人，進而行善救助窮困，使社會減少痛苦悲劇。

我從後院走向前院，首先要繞過一座短牆，上面，刻著大大的一個字：空。這一空字，在提醒世人不可迷失善良本性去追逐財富名利。可惜，世上有多少人能領悟其真義呢？

現在的台灣，常有一些黑心商人為了貪得厚利，不惜賣假藥、賣有毒食物，自己享受了短暫的財色酒氣後，罪惡金錢留給子女揮霍無度，往往驕奢淫逸，酗酒吸毒，下一代能有什麼好下場？

前院的觀世音菩薩殿，有民眾排著長長隊伍等候法師揮灑甘露，賜福、消災。

主持法會儀式的法師身穿整齊袈裟，手持柳枝，沾上甘露水後沾在民眾頭上，並吟誦經文為其禱告。很多人扶著年老父母牽著年幼孩子虔敬接受祝福後，轉身在箱子上投下鈔票，並拿走經過菩薩賜福的小瓶礦泉水回家飲用，買一份安心，祈求一年平安、順利。

此外，玄空法寺的庭園造景勝人一籌，是因為處處可見高大美麗神奇的鐘乳石，使人忍不住停下腳步仔細看看。我很意外，看到藝術家創作的黑色男女老幼塑像，人人手持包包，神色哀戚驚恐，原來這是一群去要逃離戰爭威脅的可憐民眾。

黑色人群中，有一個背著年幼的小妹妹，看似姊姊模樣的塑像，吃力趕著路，兩人都餓壞了也累壞了，眼睛幾乎張不開，身體搖搖欲墜，淒慘狀況令我忍不住想伸手抱住她們。

這就是戰爭的可怕。

至深盼望，可怕的戰爭永遠不要降臨人間，帶來浩劫。這是我們卑微無助的老百姓最大的心願啊。阿彌陀佛，南無阿彌陀佛。

用旅行，擺渡自己

忽然，聽到「篤、篤、篤」的敲打聲音。一位師父由遠而近敲打手上的木牌，提醒大家，是中午吃飯的時間了。

我看手錶，恰好是十一點三十分。像我這樣一個庸俗喜歡葷食為樂的人當然沒有資格到後院餐廳去跟大家吃一頓素菜，因此，穿過擁擠的人群，我走出玄空法寺，尋找獨自吃飯的地方。

在兩、三百公尺外的一處公園，有一家麵館，我舒舒服服地享受一碗搾菜肉絲麵加一碟花生、海帶。

公園門口還有人販賣楠西區的名產，牛奶蜜棗，一個個比雞蛋還大，真是可口誘人。但，我的假牙咬不下那種圓滾滾的水果，只好挑選另一種楠西名產楊桃來吃了。這楊桃多汁又甜，堪稱人間極品，吃得我心滿意足。

在各鄉鎮旅行，找在地甜美水果來享受，人生一樂也。

鴨子直立歡呼

即使下雨，我也會騎著摩托車出門。若不是這份說走就走的態度，就無法看見如此奇妙的景致了！

清晨，被一陣大雨吵醒，我打開床頭的收音機，聽到一個男人在講話，漸漸的，聽出來是一個精神科醫生在分析老人的問題。他說，百分之八十的老人是不快樂的，因為，病痛纏身，久病苦惱，或是，與家人間關係不佳，生活苦悶，也可能因為手上金錢不多，壓力很大等等。

最後，精神科醫生好心提醒，平常要沒事找事做，讓自己的精神有寄託，才不會悶得發慌，胡思亂想。進一步，要苦中作樂，享受每一個小小的生活樂趣，把日子好好過了。

天亮以後，我吃完早餐，天依然下著雨，收音機的氣象報告說，六月中旬開始的這一波梅雨，要連續下一個禮拜，而且，雨勢不小。

我穿上雨衣，戴上安全帽，準備騎摩托車去七、八公里外的下營區玄天上帝廟前廣場坐一會，和幾個老朋友聊聊天，或，看人下棋，打發時間。

經過荒涼的郊外，微雨打濕了我的臉，天地間一片白茫茫的模糊雨景，使人有一種清爽遁入仙界的錯覺，太美妙了。

旅途中的雨中即景

突然，路邊一處鴨寮的眾多鴨子使我眼睛一亮，天啊，兩、三百隻白色羽毛的鴨子通通在雨中直立著，一起望向西方，微微發出聲音，彷彿在呼叫什麼？

我停下摩托車，就站在路邊欣賞這非常奇幻、迷人的景象。慢慢的我懂了，鴨子天性愛水，下大雨，牠們非常歡喜，所以，全體直立享受著，享受這天地融合一體，將大家幸福擁抱著的快樂。

至於，全體鴨子為何一起望向西方？嘴中呢呢喃喃什麼？我是如何也猜想不出來的，也許，只有能寫科幻小說的倪匡看了這景象才能明白其中奧祕，甚至於據此寫一篇科幻小說了。

轉個身，我看見鴨寮旁邊是遼闊的稻田，一個穿著雨衣雨鞋的農夫，正用鋤頭挖著田埂，要挖出一條臨時水道，好讓稻田中累積太多的雨水趕快從水道流出，順著路旁的排水溝流走。

我點點頭，明白這個農夫的想法。梅雨連連，高興的是喜歡水的鴨子，受不了的是結滿稻穗即將收割的稻子。

發動摩托車，我緩緩經過農夫的稻田，看見金黃色的稻穗沾滿太多的雨水，承受不了那重量，紛紛低垂下來了。稻子，彷彿正發出痛苦的呻吟，而積滿雨水的稻田，使稻子日日夜夜浸泡在水中，病倒腐爛的恐怖，一定早已使稻子發出哀鳴，所以，心疼不已的農夫一大早就趕來把田埂挖出缺

若不是在雨中出門，怎能得此奇幻景致。

口，要趕快把積水排除。

農夫用心照顧稻子的心情，很像父母辛苦培育子女，也像阿公、阿嬤疼愛孫子吧！

像父母般呵護、照顧著稻子的農夫

稻子快成熟的時候，金黃色的飽滿稻穗在陽光下有一種耀眼、誘惑的美豔姿態，常吸引眾多麻雀來啄食，看在農夫眼裡，真是心疼不捨。別看麻雀身形小小的，吃的不多，幾十隻幾百隻麻雀聚在一起快速吃個不停，農夫估量，損失就大了，所以早期的農業社會，農夫會在稻田中豎立一些稻草人，穿上破舊衣服，戴上怪異帽子，用來嚇唬麻雀，驅趕麻雀。

隨著時代進步，有的農夫會在稻田四周立好棍子，綁上很多條彩帶，風吹來，彩帶上下飛舞，映著陽光，會發出奇幻、耀眼的光芒，麻雀受到刺激，便可能受到驚嚇，不敢逗留啄食稻子。

最近，又有農夫站在田埂上對成群的麻雀丟擲點燃的鞭炮，爆炸聲也對麻雀產生嚇阻作用，短暫的把牠們趕走。

唉！農夫真是辛苦。

到了下營的玄天上帝廟的廟埕，我脫下雨衣，找椅子坐下，把路上看到農夫挖田埂使雨水流走的情形說給熟識的老朋友聽，一個以前賣碗粿的老人說他兒子在農產公司上班，負責操作稻子收割機，從梅雨還沒來開始，便忙著幫農夫們採收稻子，日夜忙碌，還是應付不了急著在連續雨天前，把稻子收割的農夫們的要求，因為大家都擔心成熟的稻子浸泡在雨水中爛掉發芽，心血全泡了湯。現在，大雨一連下著，來不及搶收稻子的農夫，還催促他兒子要去上工，希望能收多少就收多少，讓他兒子非常苦惱。

很多人聽了都忍不住搖搖頭，有人還跟他開玩笑，說，兒子忙著賺加班費，也不錯啊。

談到農夫的辛苦和焦慮，有人說，電視新聞報導，下營一處養鴨人家，因為傳出嚴重的禽流感，衛生局確認後，把該處八千多隻大小鴨子都撲殺了，真是大悲劇呀。

這消息使我十分震驚。

畢竟半個小時前，我在來下營的路上，眾多白色鴨子在雨中直立著表達歡喜的美麗畫面立刻閃過我腦海。

天啊，這神祕美好的場景也一定在很多鴨寮裡出現過，如果有鴨子確診後是可怕的禽流感，上千上萬的鴨子便會被集體撲殺。天地不仁，天地不仁，太可怕了。

我忍不住在心裡暗中禱告，神通廣大的玄天上帝能大顯神威，保佑其他鴨子逃過一劫，好讓我以後還能在鄉間小路上，看到鴨子在雨中直立歡呼的感人畫面，人生一樂也。

尋訪「鹽田兒女」

這部經典的作品，「聽」過了七、八次，終於，決定走訪故事中的場景。直到身處其中，更深刻地體會到了男女主角之間的情誼而被深深觸動。

《鹽田兒女》是台南的女作家蔡素芬寫的長篇鄉土小說。故事背景在台南七股區的鹽田村，一個靠海的小小村落。

明月和大方是青梅竹馬的好朋友，從小幫忙大人晒鹽、養蚵、捕魚，感情很好。可是，長大了卻不能如願成為夫妻，因為明月的姊姊明心出嫁後不久死於肺病，明月底下還有明玉、明嬋兩個妹妹，母親執意要她招贅夫婿，好留在家中幫忙家務，而大方是家中獨子，斷斷無法答應入贅，兩人有情無緣，硬生生被拆開。

不幸，明月招贅的男人叫慶生，好吃懶做，嗜賭如命，使明月痛苦萬分。而大方聰明有才幹，出外打拚，成就非凡，中年以後在高雄成了建築公司、拆船公司的董事長。

最後，兩人意外在高雄碼頭重逢，明月是辛苦工作的女工，大方憐惜的跟她閒話家常，回憶往事，只能感嘆，造化弄人，又能奈何！

明月在生下祥春、祥鴻兩個兒子後，丈夫因為欠下賭債，被逼還錢，便起了歹念，偷盜公家倉庫的鹽去賣，結果被警察逮捕，判刑坐牢。這期間，明月的母親知道大方的母親腰椎骨刺疼痛，便叫明月把一張祖傳藥方送去，好抓藥來治病，意外的，明月到大方家時碰到大方從外地趕回老家探望父母，而他父親陪母親去十多公里外的佳里看病，兩人難得能單獨在一起，情火燃起，很快地擁吻親熱，在大方的床上恩恩愛愛起來。

幾天後，明月發現自己懷孕了，真是滿心歡喜，恰好，坐牢的慶生被釋放出來，返家後立刻飢渴索求明月的肉體，所以，足月懷胎生下女兒祥浩，慶生根本不知道那不是他的親骨肉，而，明月心疼懷抱祥浩，常暗中感謝老天賜給她這麼好的禮物，只要母女相伴，她一輩子心滿意足。

這天大的祕密，只有明月的母親猜測知曉，多年後明月在高雄碼頭意外與大方重逢長談時都沒有告訴他。我是這樣想，嫁了爛丈夫的明月，痛苦一輩子，工作操勞一輩子，真正是美人沒有美命，與大方的短暫歡娛，是老天垂憐，對她的一點小小補償吧。

用「聽」的，反覆重溫故事

我因為視力衰退，平常盡量減少閱讀的機會，所以，《鹽田兒女》這本佳作我不是「讀」完，是利用收音機「聽」完的。在中廣的午夜節目中，《鹽田兒女》一再被重播，我大概聽了七、八次以上，所以，我知道它還有續集，叫《橄欖樹》，其中的主角人物換成明月的三個兒女，祥春、祥鴻和祥浩，特別是聰明會讀書的祥浩，在台北、淡水唸大學時，利用工讀

因為視力衰退，平常盡量減少閱讀，所以，《鹽田兒女》我是利用收音機「聽」完的。

時間在餐廳一邊彈吉他一邊唱歌，很意外也很驚喜的，和她早已認識很有好感的大方伯異鄉重逢，增加很多想像的空間。

女作家蔡素芬我是久聞大名的，她被列為「鹽分地帶的作家」，所謂鹽分地帶是指以前台南縣的佳里、七股、北門、將軍、漚汪等靠海地區，和我這個住在麻豆隸屬於曾文區的作家不同，我和鹽分地帶的男作家時有來往，早就聽說蔡素芬是個美女，但是，我們從來沒有機會認識。

某年，春天，我受邀擔任「府城文學獎」的評審工作，蔡素芬也是評審委員，我們和來自台灣各地的十多位男女作家一起合影留念，我也沒有上前和蔡素芬聊聊，因為，我知道，作家個性往往孤僻不喜歡社交活動，我自己不習慣陌生人前來打擾、攀談，將心比心，自然也不會去打擾別人。

動身出發，造訪故事場景

今年，夏天，非常炎熱，一向喜歡騎摩托車到處玩耍、享受美食的我，不大方便出遠門，便找些電視連續劇關在老屋子裡欣賞，消磨炎炎夏日。正好，看到公共電視台早期出版的作品在廉價促銷，《鹽田兒女》也在列，立刻購買，很快地看完。

片中，七股的鹽埕村景色常常出現，女主角明月和她母親在村中的廟「南寧宮」前拜拜，祈求菩薩保佑平安，或是，明月送父親去台北踩三輪車賺錢貼補家用，兩人在「南寧宮」廟埕等「興南客運」，這些鏡頭我看了又看，便決定了，我要去二十多公里外的七股鹽埕村走走看看。

於是，某個早上，我從麻豆騎摩托車出發，經過八公里外的佳里，再行七公里，進入七股地區。首先，我找到七股派出所，值班警察告訴我，七股的鹽埕村在著名的觀光景點「七股鹽山」附近，經過高架的濱海快速公路就到了。

已經非常接近大海了，人車稀少，我抬頭，看到右前方呈現山字形的白白的「七股鹽山」，在快速公路邊有工人在工作。

「請問，鹽埕村在那裡？」我問。

工人遙指左前方說：「那邊，有廟的地方就是了。」

我緩緩騎摩托車進入，低矮的、簡陋的房子很少人居住，只兩、三戶門口有老人坐著聊天。

「南寧宮」廟前坐一個打瞌睡的老人，我停下摩托車，想著，當年，公視的人來拍攝電視劇時，他不知道有沒有旁觀湊熱鬧？我向廟裡的菩薩恭恭敬敬拜三拜，轉身，面向廟埕，彷彿看見明月正幫父親提著行李箱，殷切囑咐他：「阿爸，你一個人在台北踩三輪車很辛苦，自己要多保重。」

父親不捨地凝視明月，知道她婚姻不幸福，平常要晒鹽又要養蚵，還要照顧生病的母親，非常辛苦，卻不知如何安慰她，心疼、難過、憂愁的表情全寫在臉上。

穿過寂靜小路，我走到海堤上，遠眺，全是荒蕪沒有人照顧的鹽田，有一部份改成養殖魚蝦的魚塭了。

很久以前，明月和妹妹在鹽水中揮汗工作，傍晚，還要去很遠的大井挑飲用水回家洗菜、煮飯。她們堅毅，不認輸的臉孔在我面前晃動。

走到海邊，我閉上眼，看見年輕的大方和明月，難得有機會在沙灘上坐著聊天，大方掏出口琴，為明月吹奏一曲〈月夜愁〉……。

午後，葫蘆埤公園

為了躲避炎熱天氣而出發的旅行，在途中遇見了幫忙子女生意的母親、豔陽下工作的年輕人、漫步的老情侶……都是這趟旅程中的美好風景。

午後一點多，短暫午睡醒過來，感到異常悶熱，打開床頭的收音機，竟然聽到氣象報告說，剛剛台北市熱到攝氏三十八點六度，我們台南市也有三十三度。

天啊！真是不可思議，已是九月，中秋節快到了，還如此炎熱，得出門找個涼爽有樹木的地方吹吹風才行。

於是，我騎著摩托車，來到距離麻豆市中心大約七公里的葫蘆埤自然生態公園。

葫蘆埤自然生態公園在很久以前是遼闊的水塘，在開發從麻豆通往隆田火車站的道路時，被切割成兩部份，荒煙蔓草十分陰森可怕。有人在這個地方埋葬死去的人，所以，埤岸旁邊有幾個墳墓，加上，傳說偶爾有人投水自盡或大雨中被溺斃，因此，在我年輕時候，這附近很少有人來走動。不過，時代往前進步，十幾年前地方政府投入財力、人力，開發葫蘆埤自然生態公園，遷走墳墓，廣植樹木，建築遊客活動中心和長長的紅色吊橋，這地方便漸漸成為著名的觀光景點。

我停好摩托車，發現到處插著彩色布旗，仔細一看，是預告著即將要盛大舉行「菱角節」慶祝活動。

嘗菱角、賞美景，隨性的夏日旅行

秋天，菱角成熟上市，葫蘆埤自然生態園區附近地形低窪，全是菱角田，所以，這裡每一年都是「菱角節」慶祝活動的中心地點。

兩輛遊覽車進來了，八、九十個男女遊客一下子使葫蘆埤自然生態公

人生如戲，炎炎夏日聽著台語歌曲，各自解讀、自我陶醉一下，凡事不要太認真。

園熱鬧非凡。有人在廣播：菱角上市了，吃菱角正是好時機，賣菱角的王小姐今天決定減價促銷，她母親是國小退休校長，特地趕過來幫忙，請大家多多採購。

這個廣播內容很有意思。通常當老師當校長的人本身都比較會唸書，也比較注重子女會不會唸書，可是，這個退休的校長，她的女兒顯然沒有把書唸好，不能找到好的工作，只能在旅遊觀光景點擺攤子賣鄉下的農特展品，馬馬虎虎混上一口飯吃。子女不成器，對於知識分子來說常常是沉重的打擊，家庭也常因此氣氛僵硬，缺少歡笑。可是，看來這個退休的國小校長看開了，接受了子女不成器的現實，為了母女親情的融洽，她不怕別人指指點點，幫女兒做起小生意來了。

想到這裡，我也參雜在遊客當中，走近那個菱角攤子，付了一百元，從白頭髮卻滿面笑容的退休國小校長手中接過一袋已經蒸熟剖開的菱角。

坐在樹蔭下，看著碧藍埤水，慢慢把菱角吃完，耳邊響起親切的台語歌曲。

離埤岸不遠的地方，正在建構兒童遊樂場所，已經蓋好一個表演劇場，正在進行的工程是二層樓高的溜滑梯，幾個年輕人裸露上半身、流著汗在工作。太陽下，泥水匠的工作是很辛苦的，聽說，他們一天的工資是兩千八百元到三千元，可是，有多少年輕人吃得了這種苦呢。因此，對這幾個年輕工人，我投以敬佩的眼光，也感謝他們當中有人大聲地播放台語歌曲分享大家。

陶醉在熟悉的老歌中

幾首台語老歌，我比較喜歡一個中年女歌手扯著嗓子唱〈苦海女神龍〉，最後一句「美人沒有美命」，聽得人心生不忍。

過一陣子，又是一首十分熟悉的老歌傳播開來，那是〈浪子的心情〉，我不禁微微一笑。

不少男人希望自己是個浪子，因為浪子是很奇特的人物，頗受女人喜愛。可是，能當上浪子的男人不多，這種人必須具備一些特色：

外貌英俊瀟灑，站在人群中，自然有引人注意的地方。

才藝出眾，也許善於打架、賭博或歌唱舞蹈，不管混白道黑道，都不是跑龍套的小角色。

風流、好色、卻不下流，不少女人主動投懷送抱，希望能成為他最後的愛人。

所謂「男人不壞，女人不愛」，這個男人通常就是浪子。而使許多出色女人傷心、痛苦的也往往就是浪子。

許多男人嚴厲斥責浪子敗德、邪惡，因為自己永遠成不了浪子。

許多女人痛罵浪子混蛋、不要臉，因為自己從來無法親近浪子。

人生如戲，炎炎夏日聽著台語歌曲，各自解讀個人自我陶醉一下吧了，凡事不要太認真。

我站起來，走往紅色的長吊橋。

路旁，有人兜售中秋佳節的應景食品，麻豆文旦。

這是我們麻豆小鎮聞名全國的農產品，雖然我家沒果園種麻豆文旦，我也不喜歡吃麻豆文旦，但，身為麻豆人，不能免俗的，每到中秋節前幾天，還是要向種植文旦的農人選購幾箱麻豆文旦分寄外地的重要親朋好友，真的是「人在江湖身不由己」。

我知道附近的山區也有人種植文旦，那種文旦外型比較碩大、汁少、味苦，吃起來，絕對比我們麻豆出產的文旦差很多，售價當然很便宜，一斤大概只要十元，可是，貪婪的商人大量採購後貼上麻豆文旦的著名商標，分送各觀光據點銷售，一斤可以賣到四十元或五十元，這是邪惡的暴利。

通常做生意，當然要想賺錢，可是，獲利在百分之二十到二十五之間是正常，非法暴利，便違背道德良心，為神明所不允許。最近，有不法商人在食品上添加容易致癌成分，大賺黑心錢，被判重刑要坐牢了，才恐懼

天地之奧祕，凡人一輩子也無法明白透徹，所以，年歲雖大，再活下去也不會無聊啦。

自殺卻被救活又移送監牢，足為警戒。那些出售假麻豆文旦的人，傷了陰德，有一天惡報上門，傷身、破財，會自己心裡有數才對。

美景中美好的老情侶

走上吊橋，迎面碰到兩個老人，男的大約與我同年齡，女的可能少兩、三歲，微笑著談論什麼。

來葫蘆埤自然生態公園，我常常看到這兩個老人，不免多看幾眼。猜想，兩人不是夫妻，是喪偶或離婚後單身，有緣分聚在一起的。

老夫老妻經過多年的爭執與摩擦，感情通常已經破裂不堪，兩人不像年輕或中年夫妻，因為有肉體上的需要，會妥協、和好，所以，老夫老妻往往是各自過著生活，眼不見心不煩，在一起的時候，也鮮少言語，沒什麼默契。

這一對老情人則不同，彼此默契好，常低著頭有說有笑，享受著黃昏之戀的樂趣。

我站在吊橋中央，舉目四望，覺得天地之大之奧祕，凡人一輩子也無法明白透徹，所以，年歲雖大，再活下去也不會無聊啦。

台南一中與台南女中

回到五十五年前就讀的學校，年少時的大小事歷歷在目，才驚覺畢業後，雖然一直待在台南，卻，沒再踏進過母校。

寒流一波又一波來襲，我們台南地區竟然也冷到只有攝氏十二度。一向喜歡在星期六或星期日騎著摩托車到處逛的我，只好把摩托車騎進台南市民族路旁的「大遠百華納威秀影城」的地下停車場，然後坐電梯直上五樓看電影。

午後兩點多，我吃過午餐，騎摩托車順著民族路一直往東騎，左拐右彎的不知道騎到那裡了，抬頭一看，看到台南一中就在前面不遠處。好啊！就去台南一中走走吧。

已經五十五年了！

我從台南一中畢業後，上大學、當兵、回故鄉教書，一直住在台南鄉下，竟然從沒有再踏進母校一步。五十五年，就此消逝了。

校門口古樸依舊，往前走，日治時代留下來的建築物一點也沒有改變，往左右延伸的磚造二樓教室，在高聳的榕樹陪伴下矗立在眼前，一下子就把我這個白髮蒼蒼的老頭子拉回到十六、十七歲。

幽暗的教室裡，我靜靜站著，突然，我不自覺地伸手摸摸臉頰，那一年，被老師用力打了耳光的疼痛彷彿還停留在臉上。

求學時期的快樂與難過

高一下學期吧，有一天上地理課，我發現老師寫在黑板上的補充資料有一點錯誤，便舉手告訴老師。我本來以為老師會感謝我，稱許我上課有認真聽講。誰知，老師竟然把我叫到講台前，罵一句日本話：「八該野路！」隨手便打我一耳光。

五十五年，校門口古樸依舊，建築物一點也沒有改變，一下子就把我這個老頭子拉回到十六、十七歲。

「ㄆㄧㄚ」一聲，震驚全班。我呆了幾秒鐘，伸手摸摸臉頰，便跑出教室，不上課了。

在那個保守的年代，很多受過日本教育的老師對待學生十分嚴厲，不容許學生冒犯他的尊嚴，對學生要打要罵全憑他一時高興。所以，我挨打這件事，沒有地方可以反應，只能羞辱的默默忍受下來。

多年後，我在一所公立高中教書，上課中唸錯一個字，有學生站起來糾正。剎那間，我想起以前在台南一中被地理老師打耳光的事，不禁啞然失笑。我點點頭，揮揮手示意那學生坐下，稱許他上課有認真聽講，很難得，然後我冷靜的繼續講課。

升高二的時候，我想起來了，有一件事使我很快樂、很難忘記。

我們的導師兼國文老師，羅澤芳，很欣賞我的作文。他曾經在辦公室公開朗讀我的文章，得意地說，我這個學生將來有可能成為作家。

在羅老師的鼓勵和指導下，我們班上幾個喜歡文學創作的同學聯合出一點錢，以刻鋼板的印刷方式出版一份班刊，取名《呆園》。呆這個字，表示在大家分秒必爭用功唸書準備大專聯考的時候，我們幾個呆子卻挪出寶貴的時間從事文學活動，實在呆的可愛。

《呆園》印出來，我們把它分送全校各班級，造成很大的轟動。可惜，實在限於財力和時間不夠用，這一份有趣的班刊只發行兩期就收攤了。

景物依舊、回憶湧現

回想著當年拿班刊分送的情景，我嘴角含笑走出幽暗的教室，來到紅磚清楚露在外面的禮堂。印象中，當年它是高聳寬敞的建物，如今看來，它顯得好小。仔細看說明文字，原來，學校已另外新建學生活動中心，稱作大禮堂，而，原先我們使用的這間禮堂，客氣的退縮成「小禮堂」了。

我站在「小禮堂」外面，往裡面張望，彷彿看到當年剃光頭穿上卡其布制服的好多好多學生排排坐，正聽一位年輕作家的演講。

那一年，在文壇紅起來的作家馮馮來校演講，他的長篇小說《微曦》描寫年輕學生在戰爭下流亡、讀書的曲折經過，很感人。我凝神望著講台上面露微笑神采飛揚的他，心想，將來，我是否也可以成為作家，到處演講呢？阿彌陀佛，神明保佑。長大後我如願以償成為作家，常常到處演講，在台南市，我演講過的學校有台南女中、家齊女中、台南高商、台南二中和台南高工，獨獨台南一中從來沒有邀請我來講過話，真是奇怪。

受騙記與稿費

高三上學期，我遇到騙子，被騙走寶貴的五十元，讓我痛不欲生。

很多人知道，台南一中最難應付的科目是數學，我不管如何努力練習，每次月考也只能考到二、三十分，不像班上的好學生，例如許嘉棟（後來當到中央銀行副總裁，經濟部長）、顏慶章，（後來擔任財政部長）林錫堯（曾經榮任司法院最高法官），他們都可以輕易考到高分數。因此，有一天，我好不容易才向母親要到五十元，坐火車到台南，在火車站前等著排隊走去學校，突然，有一個中年男子走過來，說要找麻豆人，大家把我推向前，說我正是麻豆人。

中年男子便一直向我敬禮，說他不小心騎摩托車撞到人，被撞傷的婦人一定要他賠醫藥費，他拜託我看在麻豆同鄉的份上，借他一點錢，隔天，他會到台南一中找到我，還我錢。怪我沒社會經驗，也怪我身上恰好有五十元，看他又急又害怕的樣子，只猶疑片刻，我便掏出五十元給他。告訴他我是三年五班的學生，這錢很重要的，一定要隔天就還我。

第二天，根本不見中年男子來找我，我向教官報告此事，他罵我太傻被騙了。

真是痛苦萬分，很不甘心的我，把受騙經過寫成三千字的〈遇騙記〉，投稿台北的新生報。還好，文章幸運的被刊出來，事後領到稿費六十元。只是來不及參加數學的補習班了。

曾經，無法參觀台南女中

五十五年來首次重回台南一中，我在校區裡詳細繞一圈，才依依不捨走出學校。轉到台南公園，看到附近有標榜「單親媽媽自立自強」販售烤甘藷的招牌，覺得肚子有點餓，便停了摩托車，花六十元買兩個烤得熱乎乎的甘藷。

走進台南公園我坐了下來，開始吃烤甘藷，發現包甘藷的舊報紙上面有斗大的新聞標題：

台南女中慶百歲

九二高齡回娘家

仔細看，原來台南女中剛剛慶祝建校一百週年紀念，表揚多名傑出校友，有戰後台灣第一位女建築師王秀蓮，也有在台灣出生的日本人兒島幸子，已經九十二歲的她，特別從日本奈良趕回來參加慶祝大會。

看完舊報紙，我忍不住笑了。台南女中曾是我們台南一中的學生很想去參觀卻不能進去的學校。二十幾年前我在台南高商服務時，台南女中的訓導主任嚴蓉蓉邀請我去參加台南一中、台南二中、台南女中和台南高工、台南高商等校學生作文比賽的評審工作，後來又要我去台南女中演講「年輕人的感情世界」，我才和台南女中有比較多的接觸。

我和嚴蓉蓉退休後，先後到台南市憂鬱症關懷中心當志工，聽嚴蓉蓉說，很久很久以前，我和她都代表各自就讀的大學，到台北市北投石牌的幼獅通訊社當臨時記者，負責報導救國團舉辦的暑期青年育樂活動的新聞，那一期的學生中最有名的是吳敦義、胡志強。如今，胡志強退休不當台中市長了，而當過行政院長和副總統的吳敦義以國民黨主席的身分還在為大事奮鬥不懈，想起來，令人心疼。無語問蒼天，只能默默祝福他了。

善化牛墟購物行

為了避免成為貧窮的「下流老人」，就得節儉但知足、惜福地過日子。善化牛墟購物，熱鬧又划算，是節儉生活的第一站。

歲末寒冬，回想起二〇一六年媒體發表人民票選的年代表字是：苦。

台北市政府訂出「貧窮線」標準，每人每月所得如果低於一萬五五四四元就列入低收入戶，可獲得補助。

內政部則表示，全國有三百萬的上班族，每個月薪水不到三萬元。

從這些資料可以知道，目前的台灣，許多人的生活相當清苦，年輕人在買不起房子的情形下，不敢結婚或不敢生孩子，只好存些錢便旅行或吃喝玩樂，享受短暫的小小幸福和快樂，而，中壯年人在房貸和養活子女的沉重壓力下，只能忙碌工作茫茫然混日子，對未來不敢有什麼幻想，上了年紀的老人，則忍受身體的酸痛疾病之外，必須努力節儉避免成為經濟困窘的「下流老人」。

我和許多退休的公教人員一樣，原本生活不錯，有能力幫忙子女成家立業，陪同孫子快樂過生活，但是，當台灣因為長年政黨惡鬥導至經濟衰退，政府忙著要砍削公教人員退休金的時候，我便知道，好日子真的一去不復回了，我必須恢復小時候過貧窮日子的心態，花錢精打細算，不能有絲毫浪費。

善化牛墟市集，一站購足

當第一道寒流來襲時，我套上舊外套，前往八公里外的善化牛墟採買禦寒衣物。

善化牛墟是個很有趣的地方，面積廣大，位在我們麻豆和善化之間，

往後必須恢復小時候過貧窮日子的心態，花錢精打細算，不能有絲毫浪費。

古早農業時代，附近的農民把牛隻趕到這裡來拍賣，久而久之，形成鄉下人喜歡前往逛逛的市集，舉凡日常生活用品、蔬菜水果、衣服鞋襪應有盡有，最近這幾年，又加入販賣六合彩明牌號碼和限制級日本進口色情影片的，真是熱鬧非凡。每個月的初二、初五、初八和十二、十五、十八日以及二十二、二十五、二十八日便開市營業，吸引附近幾個鄉鎮的民眾前往採買。

寒流冷颼颼的，我第一個想買的東西便是外套。

小販看我身上穿的是藍色羽絨衣，便取出來相同款式的要我挑選。

我先問價錢。小販說，一件三百，是越南工廠生產的，很便宜，不可以討價還價。

我聽了很高興。因為，去年，我在成衣店裡購買的羽絨衣，一件是六百元，還有高級品一件要賣一千元。在善化牛墟的地攤上，一件只要三百，真是便宜得令人心花怒放。於是，我挑一件藏青色的，試過大小，便付錢帶走它。

三十幾年前，我去越南旅行，那時，台灣的經濟狀況不錯，與南韓、新加坡和香港並稱「亞洲四小龍」，台灣人所到之處，頗受歡迎，甚至有外國人豎起大姆指跟我說：「台灣，那是有錢人居住的地方。」

我在越南首府胡志明市碰到一個台商，恰好是麻豆的同鄉，他說，在越南生意很好做，工人一個月的薪水只合台幣五、百元，所以，他僱用一個私人司機一個女傭照顧他，生活過得很逍遙。

曾幾何時，目前的台灣已衰敗下來，我這個退休的教師原本算得上中產階級，現在，正逐漸接近「貧窮」界線。我拍拍手上用三百元買到的越南工人編織的廉價羽絨衣，真是感慨萬千。

叫賣六合彩明牌的地區聚集最多民眾，人聲鼎沸，令人側目。平常，我買任何東西都不取發票，它可是有微少機會中上千萬元大獎的，連這個我都沒有興趣拿，要我像別人一樣花錢買一些熱門的數目字來等待中獎有領錢，這，不是我這種知識分子喜歡玩的遊戲。

有一個賣長袖襯衫的攤位，就在路邊掛了好多件，我看到一件以紅色小昆蟲為商標的，摸一摸，是柔軟的棉質衣服，我想，穿上了一定溫暖又舒服。問了價錢，才兩百元，因為我在成衣店買過同樣款式的，一件要六、七百元，所以，很驚喜，便要小販再挑一件不同顏色的，一次買兩件，只花了四百元。

再買鞋子和毛毯

經過賣鞋子的地攤，看見小販推出的木牌上寫著：工人鞋，一雙一百。我打了幾十年的網球，所穿的布鞋有上千元，便宜的也要五、六百，現在，我老了，根本跑不動，也不打球了，穿布鞋，只是不要赤腳走路而已，穿一百元的布鞋就行了，我便向小販買了兩雙灰色的。

小販用塑膠袋包好布鞋交給我，隨便問著：「阿伯仔，你幫兒子買鞋子嗎？」

「不是，是我自己要穿的。」我回答。

「哦，你這麼老了還要上班工作，辛苦啦。」

我苦笑，沒說什麼，也不知說什麼才好。

準備回家了，在摩托車停車場附近看見有人賣毛毯，小販特別把一件毛絨絨的直掛起來，標價三百九十元。我把這張毛毯又摸又捏的，感覺好柔軟好溫暖。

兩年前，家人利用網購幫我買一條日本進口的棉被，花了兩千三百元，平常，蓋著很舒服，可是，去年冬天幾次大寒流來襲，蓋著它還是冷，必須先在身上加一條小毯子才行。所以，我想買下這一條毛毯回家，好應付特大寒流的來襲。

「三百五十元好嗎？」我出價。

「不行，少十元都不行。」小販很堅持。

「好吧，就三百九十元。」

在停車場，我把大毛毯放在摩托車的腳踏板上，把兩件長袖襯衫和兩雙布鞋塞進坐墊下的置物箱，再把羽絨衣放在車燈前的菜籃子裡，滿載而歸了。

回到家，在信箱裡看見國立台灣文學館寄來的一本厚厚的書，打開一看，是空白的新年行事曆。

我笑起來。好吧，就用這一本行事曆仔細記下我以後過「貧窮」日子的點點滴滴，好讓我死後兒子們和孫子們可以看明白我這個老作家是如何節儉但知足、惜福在過日子。

走過夜市

到夜市看看熱鬧的我，吃到了美食，看見了年輕人的樣貌，也瞧見了老人們的處境，對照自己的生活，雖然欣慰但也難掩一絲苦笑。

五月裡，傍晚，很難得，連續炎熱多天的狀況有了改變，涼風習習，似乎有著五月起梅雨要降臨的現象。

我坐在老屋子窗邊估量著要到那裡買晚餐來吃？感覺上，窗外經過的行人和車輛似乎比平常多，這才想到今天星期一，我們麻豆地區有夜市活動，吃的，好玩的，應有盡有，於是，我決定走路去兩百多公尺外的夜市走一走，看看熱鬧。

很驚訝，我看見一間大廟前面的廣場，賣廉價牛排的攤子生意非常好，十張桌子，擠滿大口吃牛排小口喝飲料的年輕顧客，老闆面前還有十多個人在排隊等候服務，這熱乎乎的場面，只能用「爆滿」兩個字來形容。

這個年代，年輕人的薪水普遍低平，物價又節節上揚，年輕人被迫拋棄結婚、生孩子、買屋的念頭，只追求旅行和享受美食的短暫幸福，一客牛排餐，只花一百二十元，享用一片薄薄牛肉，外加一盤炒麵，還有喝到過癮的紅茶，難怪年輕人熱烈捧場了。當然啦，年輕人有的是揮霍的本錢，他（她）們的歲月有足夠的精神和身體可以愛吃什麼就吃什麼，愛怎麼玩，就通宵達旦玩樂。不像我們老人，普遍有高血壓、高血脂、糖尿病加上心臟病，想平平安安過日子，就得遵照醫生的叮嚀，少吃肉類多吃蔬菜、水果。所以，看這熱鬧的牛排攤子，哪有一個老人的身影？

年輕人，有善心也需要繼續學習

在一個巷子口，站了十多個穿制服的高中男女學生，當中，有人彈電吉他，有人打鼓，有人唱歌，有人舉牌子，呼籲大家踴躍捐錢給罕見兒童疾病基金會。原來，這是麻豆區內的曾文家商、曾文農工、黎明中學和鄰近的北門高中四所學校學生的聯合愛心義舉，在熱鬧的夜市唱歌娛樂民眾，替慈善團體募款。

我這個當老師退休的，一向看見學生就有好印象，喜歡他（她）們這個校外活動，便慷慨的往地上的紙箱子投下一百元。

看見一對母子在賣煎餃，廣告招牌上的蝦仁煎餃看起來美味可口，我決定買一份來當晚餐。「老闆，一份多少錢？」

年輕人回答，一份有十粒，賣五十元。

我遲疑起來。我大概吃八粒就飽了，買十粒吃不完太浪費，便問他，可以只買八粒嗎？

老闆顯出為難的表情。這……。

我提醒他，就賣我八粒吧，做生意要懂得變通。不然，我吃不到喜歡

絲絲細雨飄下來了，攤販手忙腳亂拿出透明塑膠布把東西蓋住，也有人叫起來，老天爺不要為難艱苦人啦！

的煎餃，你也少做一筆買賣，雙方都不痛快。

上了年紀的母親推兒子一下，說：「要聽老人話，做生意要靈活一點。給他八粒，只收四十元就好。」付了錢，從年輕老闆手中接過煎餃，心想，這年輕人要學的東西還多哪。

哇！涼風陣陣，絲絲細雨飄下來了，很多攤販手忙腳亂拿出透明塑膠布把攤子上的東西蓋住，也有人叫起來，老天爺，不要為難跑夜市賺一點點錢的艱苦人啦！

夜市裡，發人省思的小人物

也想起曾經資深藝人豬哥亮大腸癌病逝的消息，成為大街小巷的頭條新聞，每一家電視台都反覆播放他生前主持節目的精彩片斷，在夜市，我就曾看到一對五十多歲的夫婦在賣DVD卡帶的攤子前用心挑選豬哥亮的作品。

「我比較喜歡豬哥亮的歌廳秀節目，妳要多挑幾片。」男的吩咐。

「知道，知道。」女的揚揚手。「你把雨傘撐好，別讓雨絲打到我的頭髮。」

「現在有大減價的促銷活動。」老闆笑起來。「豬哥亮的歌廳秀買五片送一片，買愈多送愈多。」

女的揚起頭問道：「有沒有謝金燕唱的《姊姊》這張唱片？」

「賣完了。謝金燕在豬哥亮病危時陪在他身旁，消除了多年來父女不相見的心結，好感人喔。」

這樣的對話，讓我聽了不禁莞爾一笑。

豬哥亮比我早出生半年，七十歲的人生，為大家提供爆笑、精采的表演節目，溫暖許許多多鄉下人的生活。他主演的最後一部電影《大釣哥》也因此重新上映，當年的「金馬獎」也一度傳出可能頒給他「特別貢獻獎」，真是有趣。

回家的路上，偶爾一瞥，看見一根電線桿旁邊停一輛摩托車，上面鋪有木板，擺放許多毛巾出售。

一個白頭髮的老人胸前掛一牌子，上面寫著：

毛巾一條三十元，買五條一百二十元。

老人看起來比我的年紀還大，細雨中顯得格外蒼老、淒涼。於心不忍，我走近他，買五條毛巾。

接過我的錢，老人笑起來說，今天晚上有錢買便當了。把包好的五條毛巾遞給我，謙卑地一再鞠躬道謝。

我慢慢走回老屋子，老人的臉孔讓我想起剛在書店翻過的一本書《續，下流老人》，這是日本作家繼《下流老人》這本暢銷書後的再一本精彩作品，說明日本老人因為生活困窘，很多人不得已重回職場或辛苦做生意好養活自己。

剛才那個在夜市賣毛巾的老人就是淪為「下流老人」台灣人中的代表

人物，現在，政府磨刀霍霍要砍削我們退休軍公教人員的生活費，未來的我，一個月能支用的錢減少許多，辛苦是辛苦，大概還不至於要淒慘到夜市擺攤子做生意吧。這樣想，我勉強欣慰地苦笑起來。

第三章　比陳酒更香醇的好友

讓老後的每一天都精采

年紀稍長，除了家人，
也別忘了讓自己身邊充滿朋友。
記得時常與老朋友聯繫，甚至交些新朋友也無妨。

住在廟裡的老人

兩位住在廟裡的朋友，提點了我老人該有的智慧，讓我以更寬容和慈悲的心態，面對自已與晚輩的生活。

山腰下，一間觀世音菩薩廟，庭園遼闊，環境優雅，供奉的主神，觀世音菩薩又是我膜拜多年的神明。因此，偶然發現這一間古廟後，我常在心情苦悶時去那裡走一走、靜一靜，使身心靈得到安寧。

去的次數多了，和廟裡的住持熟識起來，他知道我是個老作家，便請我擔任志工，幫忙一些文書工作。

後來，我因為幫忙照顧大兒子、小兒子的三個小孩，比較忙碌，廟裡便另外商請一位從國中國文老師工作退休的羅老師擔任文書工作，只在忙不過來時，請我臨時去幫忙一下。

這天黃昏，我協助羅老師把廟裡信徒大會的紀錄和管理委員會的理監事名單整理完畢，兩人都輕鬆了，舒一口氣，便坐在廟埕裡泡茶、聊天。

我們正對面，是兩排素雅的平房，一排各有六間，是提供給六十五歲以上的老人住的，男女分開，月租三千元，素食伙食費伍千元。羅老師就住在第一排第一間，也是十二間房子的管理員。

老人的智慧，讓囍事更圓滿

我注意到一個年紀與我們相仿的老婦人坐在屋簷下，金黃色的夕陽把她整個人包圍了，看過去，十足的安祥自在。

很有趣，她的門口貼一個大紅字：囍。

我伸手指著她，問羅老師：「她最近有了什麼好事嗎？」

羅老師笑起來說：「大好事，對她來說，真是天大的好事。」

原來，吳老太太以前是衛生所的護士，她先生在鄉公所當課長，因罹患癌症，所以，六十歲那年就退休了，死前，他用兩夫妻多年的儲蓄和自己的退休金買一棟四樓透天厝，登記在電子公司當工程師的兒子名下，讓母子兩人有個寬敞、舒適的安樂窩。

吳老太太遵照她先生去世前的再三叮嚀，要督促兒子趕快結婚，好為吳家傳宗接代。好不容易，媒人介紹了一位在市政府上班的小姐，兒子十分中意，那小姐也歡喜準備出嫁，可是，有一個條件，她婚後喜歡自由自在的小家庭生活，不願意與婆婆住在一起。

這件事，把一件喜事卡住了，做兒子的，不忍心叫母親搬出去，吳老太太的親戚朋友也勸她不可退讓，太軟弱了會被媳婦看不起。三個人反覆談判，始終無法解決難題，婚事拖延將近一年，可能要取消了。

吳老太太擔心三十多歲的兒子遲遲無法結婚，她死後沒臉去見吳家的列祖列宗。一年多來惶恐不安，常常以淚洗面。有一天，她來膜拜觀世音

「知足常樂」，真正體會到這句話的真諦，人生的智慧就圓滿了。

菩薩，碰上大雨，無法回家，便留下來吃中飯。同桌的老婦人自我介紹，獨子車禍死亡，她心灰意冷，便搬到廟裡來住，每天拜佛，用心擦拭廟裡的桌子、椅子，心情才逐漸平靜下來。體認到，人老了，凡事順從命運的安排才能平平安安過日子。

知足常樂，是最棒的人生座右銘

當天回家，吳老太太告訴兒子，她準備搬到廟裡來住，因為她年紀大了，不應該跟自己的親人計較什麼。而，兒子和媳婦美好的人生才要開始，可以趕快籌備婚禮，三個人各安其所，快樂過日子。

後來，吳老太太的兒子結婚了，她喜氣洋洋地穿上紅色外套，拿糖果分享給廟裡的每一個人。羅老師則代表觀世音菩薩廟，陪她去主持婚禮，看到她從頭到尾快樂、欣慰的模樣，真是感慨萬千。

「知足常樂」羅老師雙手合掌說。「真正體會到這一句老話的真諦，人生的智慧就圓滿了。」

我點點頭，表示認同他的看法。

「我搬到廟裡來住，朝夕親近佛法，學會寬恕、慈悲的生活態度，才深深確信我當年所做的重大決定是正確的。」

羅老師說，現在女孩子受完教育能工作賺錢，在選擇配偶時，通常要求男方要有自己的房子，而且，不要跟公婆住在一起。

八年前，他兒子在任職的公司認識喜歡的對象，兩人情投意合準備結婚，女孩子很客氣，認為羅老師剛買的房子很寬敞，結婚後大家住在一起就好。這樣的結果讓羅老師喜出望外，非常高興辦了兩人的結婚大事。

可是，小孩子生下來，一家人和樂融融的氣氛逐漸消失，媳婦和公公婆婆對小孩子的餵養和管教問題常常看法、做法不一致，難免發生衝突，彼此鬧得不愉快。做兒子的夾在太太和父母之間，左右為難，日子便過得很痛苦。

羅老師在小孫子開始上小學後，便告訴兒子和媳婦，兩個老人幫忙照顧小孫子好讓兒媳可以安心上班，責任已完成，為了讓年輕人自己當家做主，他們決定搬回老家居住，把新房子讓給兒媳。這樣，他們不必自己買房子，長達二、三十年按月繳交房屋貸款，一家三個人才能夠輕鬆、幸福過日子。希望他們要明白年老父母的苦心，珍惜婚姻生活，白頭偕老。

去年，羅老師的太太死於肺部發炎，由於羅老師不會烹煮食物，生活很不方便，就搬到廟裡來住。偶爾放假日，兒子、媳婦帶小孫子來看他，大家有說有笑的，日子倒也過得很不錯。

天色昏暗了，我慢慢騎摩托車回家，心裡很高興。因為，從吳老太太和羅老師身上，我學到老人的生活智慧。

我家，也和羅老師過去的經歷差不多，小孫子調皮搗蛋，對付他的吃飯方式和生活態度，我和媳婦的意見常有不同，曾經鬧得不愉快，使兒子左右為難很苦惱。日後，我知道如何以寬容和慈悲心來過日子了。

母親節前夕

例行的回診日，正好是母親節前夕，在醫院裡見到了不同樣貌的母親，然而，她們身上所散發的愛，卻是相同的。

記得某一年的母親節前夕，報紙報導著，台大的台灣文學研究所舉辦「愛之光」母親節詩歌音樂會，請著名的鋼琴家林秋孜，演奏以大詩人余光中詩作〈母難日三題〉譜成的樂曲。當場，余光中也朗誦新詩，獻給天下所有的母親。

我最忘情的哭聲有兩次，
一次，
在我生命的開始，
一次，
在妳生命的告終。
第一次，

我不會記得，
是聽妳說的；
第二次，
妳不會曉得，
我說也沒用。
但兩次哭聲的中間啊，
有無窮無盡的笑聲。
一遍一遍又一遍，
回盪了整整三十年，
妳都曉得，
我都記得。
⋯⋯⋯⋯。

大詩人余光中這〈母難日三題〉，我再三拜讀，心裡好感動好感動。

世上如果沒有慈悲、偉大的母愛，人類的文化似乎也沒有必要延續下去了。

當天也是我每兩個月一次看家醫科醫師，拿高血壓藥的回診日，我在診察室外面坐下，等候護士傳喚。

白髮母親與孝順的兒子

一個中年人用輪椅推著白頭髮的婦人過來，在我旁邊坐下。白頭髮婦人是母親吧，她說口渴，中年人立即到前面茶水供應處用紙杯盛滿白開水端過來。

婦人喝兩口，停下來想了一下，說：

「聽朋友講的，一旦開始吃高血壓的藥，就要吃一輩子了。」

「哦，是這樣嗎？」

「雖然只是一天吃一粒，不知道有沒有什麼副作用？」

我忍不住插嘴，說：「一天吃一小粒藥片，飯前飯後都可以吃，早上

很高興看到我教過的學生帶她女兒一起做公益活動，展現高貴的慈悲心腸。

或晚上吃也沒有關係，很方便的。」

「我母親是擔心長久服用會有副作用。」中年人轉過頭來看著我。

我回覆自己的經驗：「我吃高血壓的藥兩、三年了，倒也沒有暈眩或不舒服的感覺。聽人說，這種藥是抑制心跳快速，副作用是人不容易激動發脾氣呢。」

白頭髮婦人微微笑，說：「這樣的副作用倒也不錯。」

我點點頭：「人老了，免不了有高血壓的毛病，我本來也很排斥看醫生拿藥吃。可是，聽醫生朋友講，高血壓超過一百五，低血壓超過九十，日常生活還沒有什麼毛病，萬一碰上緊急狀況或太激動生氣，就有可能失控導至中風。所以，還是乖乖看醫生把血壓控制好才能安心。」

很奇怪。我想；今天怎麼變得這麼喜歡跟陌生人講話呢？

大概，母親節前夕，看到一個孝順的中年人貼心帶母親來看病，心情很愉快的原因吧。

以身作則，讓人動容的母親

大醫院裡，就是人多、事多。我看完醫生，到一樓排隊繳費，轉到領藥處，還是得耐心排隊等候。一陣廣播聲音傳來，一樓前廳有一些騷動。

仔細看，是一位年輕媽媽手持話筒在向大家介紹，母親節到了，某某慈善基金會的喜憨兒製作許多餅乾、蛋糕來擺攤出售，請大家踴躍購買回家食用，一來好好慶祝母親節，二來是給喜憨兒一些鼓勵，讓他（她）們有成就感。

這倒是一項應景有意義的活動。喜憨兒因為種種原因，發育比較遲緩，智力不足，可是他（她）們在愛心人士的耐心教導下，依然可以從事一些簡單有趣的烹調工作，製作出可口的餅乾和蛋糕。在人來人往的大醫院裡擺攤子出售，讓他（她）們有近距離接觸陌生人的機會，又可以賺一些錢支持慈善基金會的運作，真是一舉兩得。

拿到我需要的控制高血壓的藥，我走到喜憨兒擺的攤子前，看到喜歡吃的手作餅乾，便詢問價錢。

一直面帶微笑的喜憨兒告訴我，一包餅乾六十元。他的發音有一些含糊，但，我是聽清楚了，便掏出兩張百元鈔票，說要買兩包。

充滿善心的年輕母親

「丘老師，原來是您。」手持話筒的年輕媽媽驚喜叫起來。「我是您的學生哪。以前，您在護校教過我心理學。」

那是十多年前的事了，我從台南高商心理輔導老師退休後，曾經在一所護校兼課教過高一學生的心理學，想不到，這學生還認得我。

年輕媽媽說，她畢業後就在這一家醫院當護士，去年，兼任員工福利委員會的小組長，便籌劃今年母親節在醫院裡幫喜憨兒擺攤子賣餅乾、蛋糕，以醫院的立場來表達對弱勢族群的支持。為了教導她親生女兒從小就具備這樣的愛心，還特別把她帶出來幫忙呢。她的女兒是國小四年級的學生，立刻向我微笑表示感謝，並且找我零錢八十元。

我很開心地走出醫院。

這一年的母親節前夕，很高興看到我教過的醫院護士帶她女兒一起做公益活動，展現高貴的慈悲心腸。

素食店的美好友誼

若不是散步途中骨刺突然發作，也不會遇見這間素食店，更不會有後續的美好情誼。所以，我們老人家要敞開心胸，多出去走走，多交交朋友比較好。

與那間素食小吃店結緣，真是意外中的意外。

去年，有一天黃昏，心血來潮，我出外散步。走著走著，長在腰椎上的骨刺突然發作，下背部立刻疼痛不堪，兩腳膝蓋的神經受到壓迫，也使我行走困難。正在為難之際，看到路旁一棟房子的屋簷下有桌子、椅子，我立刻趨前坐下，身體靠在椅背上，直到感到舒服多了，焦燥的心情才緩和下來。

抬頭看到這一家店的招牌，四個綠色大字：菩提素食。

才知道誤打誤撞，進了一家我平常很少選擇的賣素食的小吃店。既來之則安之。我看看手錶，也將近下午五點半了，就當做顧客早一點上門吃晚餐吧。

一個六十出頭的老婦人從店裡走出來，好奇看看我，我便向她點了一客炒麵和一塊豆腐干、一片海帶。

老婦人的動作慢吞吞的，正好讓我坐著慢慢休息。

炒麵先送上來。我試著吃一口，嘿，味道不錯，麵條和參雜的高麗菜、胡蘿蔔都爛熟，適合老人家食用，我開心一笑，便大口大口吃起來。

老婦人又把切好的豆腐干和海帶端出來，放下，不走開，微笑看著我說：「看你帶著假牙，我便把東西煮爛一點，吃起來還不錯吧？」

「謝謝、謝謝」。我雙手合十表示感激。「妳煮東西很用心，能替客人設想有慈悲心。」

老婦人在一旁坐下來。「我這間店是老屋子改裝的，外表簡單不好看，

我在餐桌上留下二張紅色百元鈔票，二，代表成雙成對，紅色則是喜氣洋洋，祝福店東覓得好姻緣！

來吃東西的大都是老客人。等一下生意比較忙，便由我兒子出來做。」

六點多吃完東西，老婦人的三十多歲兒子，阿木，好心地幫我打一通電話，讓家人開車出來接我回家。我當下便決定，日後，常常來吃素食。

貼心的店家，滿足我的飲食特性

三十多歲的阿木，炒飯做得很好吃，我每個禮拜來素食小吃店兩次，碰到他有空，我就叫他幫我做番茄炒飯，總是吃不厭。

有一天剛坐下，阿木鄭重其事告訴我，今天沒辦法做番茄炒飯了，換個口味吧。

「為什麼？」

阿木抹去額頭上的汗珠，說：「夏天到了，天氣熱，番茄非常稀少，一顆番茄就要五十元呢。」

我表示明白的點點頭。「今天就改吃一碗米粉吧。下次，我自己帶番茄來。」

三天後，我自己帶兩顆鴨蛋大小的番茄到素食小吃店，請阿木幫我做一盤番茄炒飯。

我津津有味地吃著炒飯，阿木好奇在對面坐下來。「阿伯啊，你真是喜歡吃番茄呢。」

我告訴阿木，每天一定吃番茄，我已經連續吃了將近二十年。這是我的養生之道。

二十年前，有當中醫師的好朋友提醒我，我體質燥熱，血液濃稠，比較容易發生中風或心肌梗塞的毛病。為了改善體質，應該每天吃番茄，吸取大量的茄紅素。

番茄這種水果，本性陰冷，長期食用可以抑制癌細胞的形成，對人體是大大有利的。我聽中醫師的話，每天把兩個番茄加上當季水果例如木瓜、芒果等打成果汁喝，結果到了寒冷冬季，一向嘴唇凍裂的毛病沒有了，血液也變得比較清純。吃番茄的好處十分明顯。

冬天盛產番茄，夏天市面上則幾乎看不見番茄出售，我有管道可以從水果中盤商那兒買到番茄。當然，價格不便宜，要加上從高山運送下來的費用，一斤，要一百元左右，有時候貴到一斤一百四十元。不過，把它看做是養生的中藥，就不算昂貴了。

從顧客變成朋友，彼此關心

四歲多的小孫子從幼兒園小班放學回來，我用腳踏車載他前往超商買機器人，經過素食小吃店，被站在走廊下的老婦人伸手拉住，她一直笑著逗小孫子，又拿一片豆腐干給他，看他大口大口吃了，老婦人笑得更開心了，直誇我命好，有小孫子陪伴著過日子。不像她兒子阿木，都三十六歲了，還沒有結婚生孩子，害她當不成阿嬤。

隔天，我去素食小吃店吃炒麵，忍不住問老婦人，阿木為什麼還沒有結婚？

老婦人放下正在洗的豆子，長長地嘆一口氣。說著，她先生是麵粉廠的工人，五十五歲那年肝病死了，死前再三交代，阿木是他們唯一的兒子，要勸他辭去電子工廠輪大夜班、小夜班的工作，因為那種上班方式使人作息不正常，久了，會一身都是病，賺再多錢也不值得。所以，阿木在父親死後不久，便辭去電子工廠的工作，回家跟母親一起經營素食小吃店。因為這緣故，缺少認識女工的機會，他個性又害羞，沒辦法跟媒人介紹的女孩子交往，就一年拖過一年，成了老光棍。

有一陣子，我發現一個奇怪卻有趣的現象。阿木臉上常常掛著微笑，好像有什麼開心的事，神祕地藏在他腦海裡。接下來，我發現住在素食小吃店斜對面一間透天厝裡的印尼籍女外勞，不用輪椅推生病的老太婆過來吃東西了，她自己卻常常出現在素食小吃店裡，有時候是阿木炒一盤東西給她吃，有時候則是阿木用心教她煮東西。兩人有說有笑的，成了好朋友。

留下真心的祝福

晚上去素食小吃店吃炒飯，不見阿木，她母親興奮地告訴我，阿木就要結婚了，對象是那個印尼籍的女外勞看護。

原來，斜對面那個生病的老太婆病重住進醫院的加護病房，兩個兒子一個女兒為了爭財產，寸步不敢離開她而留守醫院，印尼籍的女看護樂得輕鬆留在家裡，她和阿木混熟了，決定嫁給他，長留台灣。不吃豬肉的她，很願意幫阿木經營素食小吃店呢。

阿彌陀佛，看來，等病重的老太婆死去，阿木就可以娶那個印尼籍女看護了。想到這裡，我吃完炒飯，在餐桌上留下二張紅色百元鈔票表示道賀之意。二這數字代表成雙成對的好事，紅色則是喜氣洋洋的顏色啦！

大叔出租

悶熱的天氣裡，和老友吃著一盤芒果，竟意外聊出了一門生意。原來，老人家的經歷還挺有價值的！如果你願意，可以付費，買一個建議！

六月初才開始，天氣就異常悶熱，常常熱到攝氏三十幾度，讓人吃不消。

正好台南市政府文化局邀我擔任府城文學獎的散文評審工作，因此，每天午睡過後，我就打開冷氣機，躲在老屋子裡仔細看稿子。

台灣人長期在政治、經濟、社會種種衝撞壓力下，不免心浮氣燥，憂鬱不安，心情高低起伏太大，人際衝突時常發生。這些狀況都反映在散文作品中，作者如果能溫柔的以慈悲心把問題妥善解決，使人心安穩，我通常就給以較高的分數。慈濟功德會的證嚴師父說得好，人心安穩，很多問題就解決了。

有人打電話來。老朋友許主任說，天氣太熱了，他準備買芒果冰沙來跟我分享。放下話筒，我忍不住笑起來。

許主任小我整整十歲，以前，我們一起在國中教書，他個性好動，耐不住寂寞的教書生涯，竟然出馬競選議員，而且一戰成功。可惜，第二次競選連任時失敗，便到一家大規模的紡織公司當人事課長，後來晉升為人事室主任。

今年，許主任才六十歲，他本來打算再好好做個五年才退休的。無奈，大公司人事傾軋，有大金主的兒子搶了他的位置，他只好辭職退休。只是，退休才三個多月，便抱怨這裡痛、那裡痠的，晚上不好睡，渾身不對勁。我明白他的毛病在哪裡，就是太閒了，沒有事情好操心，必須有個舞台表現才好。所以，我常勸他，衣食無缺嘛，找個適合發揮的志工工作才好。

今天下午，很突然地打電話通知，要買芒果冰沙與我分享，不知道有什麼事要我幫他出主意呢？

許主任一進門，我們高高興興吃了芒果冰沙。大熱天，愛文芒果貴到一個要價一百元，我們兩個老人在冷氣房裡享受這樣的冰品，真是幸福啊。

用手帕仔細擦過雙手，許主任拿出來他的智慧型手機，放了一段他從電視上錄下來的新聞報導。

在日本，有一種新的有趣的行業出現，叫「大叔出租」。

販售閱歷，也是一門生意

大叔，一般年齡從四十歲到六十四歲，是社會經驗人生智慧豐富的男人，他們在個人網站上列出自己的學識以及工作履歷，歡迎碰到各式各樣困難或迷惑的人約時間碰面，進行諮詢工作，每小時收費四百元。

「啊！」我驚訝叫出聲來。「竟然有這種行業。」

「很有意思是不是？」許主任眼睛發亮笑起來。「我偶爾看到這一則

大叔，四十歲到六十四歲，是社會經驗人生智慧豐富的男人，也歡迎預約諮詢各種困難或迷惑。

新聞，立刻提醒自己，新聞重播時一定要完整錄下來給你看。」

「現在世界上比較進步的地方，包括我們台灣，都有心理諮商師的行業，讓人們有心理困惑時上門諮商、解惑，收費不便宜，所以，心理諮商師學歷要大學、研究所水準，又通過專業考試才行。這個在日本出現的『大叔出租』，學歷、資格沒有限制，走的是大眾化路線，所以收費比較便宜。在諮商倫理和法律保密責任上也沒有特別規定，當事人要自己去摸索、適應了。」

「我上網查過資料，中國大陸也有相類似的情形。自認為知識、經驗傳承有專長的人，可以上網自我行銷，有興趣的人可以提問，問一個問題，費用從人民幣一元到五百元都有。也歡迎旁人『偷聽』，但要交一元人民幣，由提問者和回答者平均分這筆錢。」

我笑起來。「看來，你也想上網經營這個服務事業了？」

「你是很適當的經營者，你是心理輔導老師退休的，在憂鬱症關懷中心當過志工，又在監獄當過教誨師，人生經驗豐富，容易贏得陌生人的信任。」我立刻搖搖頭。「我不行，已經七十歲，太老了，又不會操作電腦上網與人互動，沒這個資格。倒是你，非常適合，退休了，找個工作忙一忙，也有益於身心健康。」

許主任微微笑著說：「那就由我來做，但是，請你當我的顧問，隨時幫我提供意見，讓我的回答中肯、正確，贏得口碑。賺到錢，我好好請你吃一頓大餐。」

大叔解惑服務，開張

台灣的網拍事業蓬勃發展，交易額非常巨大，幾乎什麼東西都可以出售，但是，像許主任仿效日本的「大叔出租」，在網站上販售知識和經驗傳承的，真是獨一無二，僅此一家。

因此，三天後，就有好奇的買主上門了，一個六十多歲的老婦人說，她頭髮白了，顯得蒼老，想染黑，子女卻告誡她，染髮劑常有致癌物質，要小心。她因此很困惑，不知怎麼做決定。她願意付兩百元，買一個明智的說法。許主任立刻找我商量，看，如何回答才好？我想了一會，提供兩個訊息：

一、大家非常敬重的孫越先生，他曾說，好不容易白了頭髮，幹嘛又把它染黑呢？

二、世界著名的大畫家，畢卡索說，我學了一輩子，才能畫得像小孩子一樣純真、自然。這純真、自然就是世上最美好的東西。

許主任是聰明人，根據我提供的兩點意見，給了那個老婦人滿意的答覆。對方表示感謝，還說要把許主任這個有趣的網站介紹給親戚朋友呢。

這件事使我深深的樂在其中。大概不用多久，就可以吃到一頓大餐了。

微笑面對人生

老友、老同事各自有一段婚姻後，在老年時成為夫妻，除了滿滿的祝福，更要和他們多接近，感染快樂愉悅的氣氛！

「夏至」，代表夏天真正到了，天剛亮，溫度便已升破攝氏三十度，整個大地悶熱如烤箱，此時，想到老朋友老顏正陪著新婚妻子前往中國大陸的江西省盧山，避暑遊玩，我心中好生羡慕。

一天下午，我經過一家超商，看見旗幟飛揚，正在宣傳冰涼的「芋仔聖代霜淇淋」，一時嘴饞，便走進去點了一份。

剛坐下，就聽到有人叫我，轉頭一看，是老朋友老顏，地政事務所退休的，他身旁，還坐著一位老婦人，有點面熟，仔細一看，是很久以前跟我在同一所國中教書的蘇老師。

老朋友、老同事久別重逢，真是高興，非常意外的，是聽到他們上個禮拜剛剛結婚，正辦著手續要去中國大陸的避暑勝地，江西省盧山，好好玩上八天。

大學時的同鄉好友，老顏

五十幾年前，我剛到中興大學法商學院的法律系就讀，住在學校宿舍，老顏是地政系的新生，住隔壁宿舍，我們都來自台南縣鄉下，都曬得黑黑的，出口是南部腔調的台語，互相感覺很親切，便成了好朋友。

大學四年，我沒把心思放在功課上，只是按照個人興趣，很用心地練習寫作，立志要當個作家。老顏可不一樣，一有空，就去圖書館用功，說要拚高考，畢業後當個公務員。

畢業後我回鄉下國中教書，跟老顏失去聯絡。

有一年，親戚嫁女兒，她是稅捐處的職員，立志要嫁給工作穩定的公務員，我很高興她終於找到好對象，當然去參加婚禮。真是大意外，想不到她嫁的就是老顏。原來他果真高考及格，在鄰近的地政事務所上班。

就這樣，往後一段日子，我和老顏斷斷續續有一些往來。

年輕的歲月逐漸過去，中年來到。我深深體會到人有七情六慾，如果放縱不知收斂，便會惹出麻煩，傷害自己也傷害別人，可是過於壓抑、委屈，又可能淪於憂鬱、暴燥，身心疲累。我以作家的身分，對種種心理現象十分著迷，便申請到彰師大心理輔導研究所進修，以四年暑假修完所有課程，順利轉到台南高商擔任心理輔導老師，同時，密集在報紙上發表文章，應邀到許多地方演講。

有一天，在學校辦公室接到老顏打來的電話，稍微聊些閒話，便切入主題。老顏說，他在報紙上看到我勸人不要輕易離婚的文章，為了保護子女，避免子女受到父母離異的傷害，為人父母的，除非配偶外遇行為惡劣

和幸福的人在一起，就能感染樂觀的心情，好面對荒謬、挑戰多多的人生。

無法容忍，否則，能包容則包容，還是牽就庸俗現實忍耐下來給子女一個完整的家才好。老顏問我：「這樣，子女會不會覺得做父母的很虛偽？對家庭不再有留戀？」

我回答說，可以坦誠告訴子女，世道艱難，平平安安活下去不容易，做子女的要明白父母委屈求全保護他（她）們的苦心，要珍惜人類這種自我犧牲，凡事為子女設想的高貴天性。

老顏說，他其實正在認真考慮要不要離婚的事。他太太有外遇，很多親戚朋友勸他離婚，可是，兩個兒子都是十多歲的青少年，叛逆得厲害，怕他們承受不起如此巨大的變化，將來會誤入歧途。

現在，他願意接納我的意見，容忍下來，選擇到外縣市的地政事務所去當課長，不必待在原來的家，天天與太太見面、爭吵，影響到兩個兒子的生活作息。

幾年後，聽聞老顏的太太在一次車禍中喪生。雖然，她與我有一些親戚關係，但，我並不同情她，我相信，人為善為惡，上天一定都看在眼裡，自有因果報應。

老顏的兩個兒子沒有讓他失望，研究所畢業後都在金融界工作，表現優異，他們結婚時，老顏都高高興興地宴請親戚朋友，讓我們分享他為人父親的驕傲。我想，為人處世，能忍受委屈才能增長人生智慧。老顏的人生，說得上是苦盡甘來了。

臨老，還結第二次婚，是因為他遇到的蘇老師，非常讓他鍾情吧。

老友的妻子，曾是我的老戰友

很多年前，我在國中任教時負責編輯校刊，小我五、六歲的蘇老師是國文老師，負責擔任校對工作。她脾氣好、工作細心、很好相處。有一年編好的校刊即將照相付印，她再用心查看原稿，發現一篇〈總統元旦祝辭〉標題中的「統」字右邊掉落了，大家竟然都沒有發覺，她立刻搭計程車趕到印刷廠更正。天呀！在那個白色恐怖的時代，這錯誤如果沒有及時改過來，我和她的處境不難想像。所以，我和她，有一種革命情感存在，多年後再相遇，很高興經歷過丈夫癌症死去的她，能嫁給善良的老顏，兩人共度美好晚年。

幾天後，等老顏和蘇老師從江西廬山遊玩回來，我打算請他們到餐廳吃個飯多聊聊。和幸福的人在一起，會使我受到感染，有樂觀的心情來面對荒謬、挑戰多多的人生。

將軍與我

這篇文章要說的並非一個戰功顯赫大將軍的傳奇故事，而是，台南市將軍區這個靠海小漁村與我個人生涯的奇妙聯結和深遠影響。

喜歡到將軍區一遊，是有原因的。一個多月以來，我很用心看中國大陸出品的五十集電視連續劇《康熙帝國》，這是根據著名歷史小說家二月河」的精采著作改編拍攝的。

天縱英才的康熙皇帝，在平定吳三桂的作亂後，因為發覺台灣的鄭成功兒子鄭經曾與吳三桂勾結而出兵協助，便準備積極攻打台灣。康熙皇帝重用曾被罷黜的姚啟聖出任福建省總督，他曾經是鄭經王朝第一猛將、施琅大將軍的老師，便策反施琅投靠大清，全力消滅了台灣的鄭氏集團。清廷為嘉許施琅大將軍的功勞，聽說，准許他一天之內騎馬奔馳，所經過的地方全是他的封地。由於施琅曾經在台南市的將軍區駐兵開墾，地方人士感念他的德政，便把家鄉命名為「將軍」，這地名，一直沿用到今天。

我先到靖海侯施琅將軍紀念廟繞一圈，遙想施琅當年在戰場上的英勇丰采，也不得不感嘆鄭成功英年早逝，子孫後繼無力的史實。

離開施琅將軍紀念廟，便在靠海的小漁村走走看看，發現有小吃店賣虱目魚粥，我決定停下來吃一碗。

虱目魚雖然多刺，魚肉卻十分鮮美，我吃得很滿意。聽說，當年鄭成功初次登陸台灣，有島民獻上煮好的虱目魚。鄭成功吃得津津有味，大聲喝問：「這是什麼魚啊？」

無人敢出聲回答，但，島民迷糊中聽鄭成功好像說「什麼魚」，輾轉相傳，這種好吃的魚就叫「虱目魚」了。

吃完虱目魚粥，我沿著一條翠綠幽靜的木棉道慢慢前進。兩旁密集種植的木棉早已過了開花期，樹梢已完全看不到如烈火燃燒的火紅木棉花，可是，翠綠的枝椏在頭上交叉形成樹網，把天空遮蔽了，給人一種夢幻般的奇妙感受，身心靈都因此得到洗滌，清爽無比。

懷念我的大恩人，孫校長

經過一所學校，暑假尚未結束，校園裡空無一人。我看看大門口的招牌，是「將軍國中」。

心頭一陣震撼，我停下摩托車，腦海中閃過一個人的身影，他是我的大恩人——孫明德校長。

孫明德校長畢業於師範大學英語系，年紀輕輕就當上將軍國中的校長，因為辦學成績優異，改調有五十多個班級、學生人數將近三千人的有名學校，麻豆國中。我很幸運，在麻豆國中成為他的部屬。

剎那間，好多好多與孫校長相處的點點滴滴湧上心頭。我便停好摩托

垂垂老矣的我，坐在孫校長經營過的學校涼亭裡，回味一生事跡，心裡塞滿太多太多的感激與歡喜。

車，在孫校長用心經營過的將軍國中優美校園裡散步起來。在靠近木棉樹的小路盡頭，有木造的六角形涼亭，質樸可愛，看得出來當年校長修建它的獨具慧眼。

我走進涼亭，在長椅子上坐下來。幽靜的涼亭裡，最適合回憶我年輕時候在孫校長身邊學做事的美好時光了。

在國中當老師，國文系、英語系、數學系畢業的老師最受重視，常擔任好班級的導師和教學工作。我這個法律系畢業的，只能教普通班級或壞班級，混一口飯吃而已。

但是，孫校長卻信任我在寫作上和編輯工作的能力，放手讓我主編校刊，搞得有聲有色。

他巡視課堂時，發現一些程度低的壞班級上課規矩差，吵吵鬧鬧的，我教的班級卻因為我這個作家很擅長說故事，不管國文課或歷史課，學生都聽得津津有味，不吵也不鬧。孫校長因此確認我和學生相處有一套巧妙技巧，便把我調到輔導室，專門輔導一些被老師放棄的學生。

我把工作心得寫成兩本書《老師，我錯了嗎？》和《爸媽，請瞭解我》，在教育界廣為流傳，甚獲好評。有一次縣長和教育局長蒞校視導，還特別找我見面，請我協助競選連任的縣長編輯宣傳刊物。

因為孫校長，才能成為專業心理輔導老師

接下來，孫校長寫推荐信，讓我進彰化師範大學心理輔導研究所進修。對我而言，這是非常重要的學歷，讓我正式成為專業的心理輔導老師。在孫校長高升北部的大學校後，我也順利轉到一流的台南高商擔任心理輔導老師，從此，時常在報紙上發表作品，也應邀在很多場合演講。我寫的《叛逆的青春》和《奔放的青春》成為暢銷書，再版又再版發行，還由電台改成劇本播放。

我獲得榮譽無比的「師鐸獎」，中興大學法律系也頒給我傑出校友獎，這全歸功於當年獲得孫校長的信任和提拔，推我踏進輔導界，勇於任事力求表現。

如今，我垂垂老矣，坐在孫校長經營過的將軍國中涼亭裡回味一生事跡，心裡塞滿太多太多的感激與歡喜。想起一個名詞：「蝴蝶效應」。一個小地方一件微不足道的小事，可能只是蝴蝶拍拍翅膀而已，卻可能形成深遠影響，使很遠地方的某個人完成某一件大事。

孫校長，請您多多保重，健康長壽。

風雨中倒下的路燈

鄭豐喜先生的故事家喻戶曉，我每每想起他，總讓人肅然起敬。憶起校園裡他學騎腳踏車的身影，心裡還是有著滿滿的觸動。

颱風過後，我大兒子家牆角的路燈也順勢倒下，摔在破碎的磚塊上，看了令人不忍。晚上，怕有小偷趁機胡來，我特地悄悄繞到大兒子家後院去看看。非常意外，遠遠的就看到一片白色燈光出現在黑暗中，走近一看，原來，倒下的路燈雖然躺在破碎的磚塊上，卻，依然頑強的發出光亮，盡它照亮後院一角的職責。

天呀！真是令人敬佩。路燈不向風雨低頭，不因扭屈的身體而自卑，不管大環境如何變化，只要它還有一口氣在，便盡力掙扎著發光發熱，著實是個硬漢。我小心翼翼走向前，在路燈旁蹲下來，珍惜、佩服地伸出雙手撫摸它。如同在戰場上，心懷感激的人，虔誠撫慰勇敢作戰後負傷倒下的戰士。

我決定，立刻請人來修復這一盞路燈，再讓它永遠陪伴大兒子一家人。

真正的硬漢，鄭豐喜

風雨中倒下的這一盞路燈，讓我突然想到一個堅強不屈令人敬佩的硬漢，我們中興大學法律系的一個學長，鄭豐喜先生，以及他寫的感人作品《汪洋中的一條船》。他生下來時雙腳萎縮幾乎看不到，母親非常震驚、失望，便把他交給祖父照顧。祖父是農夫，鄭豐喜艱難爬著跟祖父過窮困的生活。幸好，老天給他一顆愛唸書求上進的心，他歷盡千辛萬苦長大成人，爬著進中興大學法商學院的法律系。

中興大學的校本部在台中，法商學院在台北只是小小狹窄的一個角落，學生不多，差不多彼此都認識。有一天，我站在圖書館的台階上，恰好，看到鄭豐喜在練習騎腳踏車。他能考上大學，在他們家鄉是非常轟動的新聞，有好心的機械公司幫他打造義腳，才使他勉強站起來，慢慢學會走路。

現在，堅強不認輸的他要學騎腳踏車！

他先牽腳踏車到牆邊，然後掙扎跨上去，右腳用力一踩，腳踏車載著他往前進行，卻，很快的摔倒下來，跌在地上。他受傷了，但是，他咬著牙，堅決不要人幫忙，一次又一次的練習。摔倒，再練習，又摔倒，又練習。直到在眾人佩服、讚嘆的眼光下，他騎著腳踏車在校園裡來來去去的穿梭，展開他美好的大學生活。如此堅強硬漢，贏得我們法律系一位學姊的芳心，兩人同進同出的身影，是我們法商學院美麗的風景。

這時，鄭豐喜把他二十多年來艱困的成長過程寫成了一本書《汪洋中的一條破船》，當時的行政院長蔣經國先生十分欣賞，勸他拿掉書名中那

鄭豐喜身高雖然矮人一些，可是他克服身體缺陷，堅忍奮鬥精神，讓人覺得他身影高大。

個「破」字。於是《汪洋中的一條船》出版了。立刻轟動全國，成為最暢銷勵志書。後來，改拍成電影（由秦漢飾演男主角）更是感人肺腑，賺人熱淚。

大學畢業後，鄭豐喜和女朋友順利結成夫婦，兩人都在國中教書，也成立基金會，幫助窮困家庭的孩子完成學業。很可惜，中年的鄭豐喜肝癌驟逝，令親友、同學扼腕長嘆。

我最近看報紙，鄭豐喜的太太依然遵照鄭豐喜的遺願，每年資助兩名清寒年輕人出國唸書。這樣的助人善行，堪稱是我們中興大學法律系畢業生的模範。

生命中的風雨，可望是成長的契機

風雨，常在平日的生活中造成不便和災害，多災多難的命運則容易使人喪失鬥志，一事無成。鄭豐喜藉助義腳才能站起來，身高雖然矮人一些，可是，他克服身體缺陷，不屈不撓掙扎向上的堅忍奮鬥精神使人肅然起敬，每一次想到他，我都覺得他身影高大，很少人能與他相提並論。

人間處處有旺盛的生命力

風雨過後，我騎摩托車前往下營區的玄天上帝廟，打算像以前一樣在廟前廣場坐一坐看人下棋聽人聊天。途中，我又看到那一條大黑狗，不由得眼睛一亮。大黑狗的兩條後腿擱在特製的木板上，木板有小輪子靈巧滾動，大黑狗因此可以自由自在到處行走了。

大黑狗以前發生過車禍，兩條後腿被撞過折斷，僥倖保住一條命，卻從此無法行走，整天只能窩在屋簷下，頂多，就是疼痛地拖著萎縮的後腿稍微挪動一下，到馬路邊透透氣，看看來往的車輛和行人。每一次我騎摩托車從麻豆去下營途中看到牠艱難行動的身影，都感到很可憐。人跛腳，夠悲慘了，狗跛腳，真是生不如死啊！現在可好了，牠的主人為牠打造特殊的有輪子的木板，牠可以把後腿固定在上面到處趴趴走，恢復了狗好奇好動的本性，真是令人大開眼界。

看著牠前腿奮力往前跑，拖著木板的輪子靈巧滾動，牠便快樂橫過馬路，我不禁笑了。除了祝福牠運氣好一點，不要再發生車禍外，我很佩服牠主人的巧妙構思和慈悲心腸。人間處處有溫情，真不是蓋的。

老人、稀飯、兒子

老人是可以好好安排自己的生活的，包括日常活動、金錢的運用，有能力就自己來，讓晚輩少點負擔，也保有尊嚴。

時序進入七月，天氣熱得不可開交，人累，胃口也不好，一日三餐的份量都減少了。

將近中午，我外出吃午餐，經過我以前在麻豆國中教過的一個女學生所擺的水果攤子，她大聲叫我，說：「天氣熱，水果都熬不住了，最好的愛文芒果一斤只賣三十元，千萬別錯過。」

我停下摩托車，叫她幫我挑十斤愛文芒果。

「老師，這十斤芒果夠你吃好多天了，記得把它們冰在電冰箱裡，想吃了，就拿出來，削了皮，又冰又甜，比吃冰淇淋還過癮。」

我笑著點點頭，付了三百元。「最近天氣熱，吃不下飯，偶爾，我就當它是午餐了。」

「吃不下飯？」學生比一比擺在她水果攤隔壁的賣稀飯的小攤子，說：「竹筍稀飯，你不妨買一碗回去試試看，蠻好吃的。」

賣竹筍稀飯的是一個跟我年紀差不多的老人，斯斯文文的，看起來很客氣，他攤子前豎一支竿子，上面掛著布條，用毛筆寫著：

竹筍粥，

大碗50元，小碗30元。

幾個毛筆字寫得漂亮極了，使我對這個賣稀飯的老人很有好感。心想，天氣熱，吃不下飯，吃個涼涼的竹筍稀飯應該是不錯的，便向他買了一大碗稀飯。

回到老屋子，一湯匙一湯匙吃著竹筍稀飯，因為是老人煮的，特別把竹筍煮得很熟、很爛，瘦肉片也容易咀嚼，非常適合牙齒不好的老人享用，所以，我吃得滿意極了。

從此，常常去買這個老人的竹筍稀飯。有時候，肚子很餓，就直接坐在他擺放的一張方桌子邊把稀飯吃了。

寫得一手好字的賣稀飯老人

有一天，我又去找他，奇怪，人不在。我的學生說，老人去療養院繳錢去了，託她暫時顧一下攤子。

學生幫我張羅一碗大的稀飯，我便坐下來吃。

「他有什麼人住在療養院？太太嗎？」

「不是，」學生搖搖頭。「他太太是我姑姑，幾年前就死了，現在住療養院的是他兒子，才四十幾歲呢，中風很嚴重，太太要上班工作，又要照顧兩個小孩，忙不過來，只好送他去療養院。在那裡，一個月的費用是

我總是不斷的向神明禱告，保佑我不要病倒，要是花光退休金，還要向兒子伸手拿錢來貼補醫藥費，就太沒有尊嚴了。

兩萬元，是我姑丈在負擔的，所以，今天，他去繳錢，也順便看看可憐的兒子。」

我嘆口氣，替老人和他兒子的處境感到憂慮。我和他年紀差不多，有兩個兒子、三個孫子要關心，當然，可以體會兒子病重父親難過的心情。

「我姑丈原本在一所高中擔任文書組長，退休後有退金可以支應生活，負擔兒子住療養的費用，可是，政府說你們公教人員退休後領太多錢，政府受不了了，決定刪減。聽我姑丈說，他一個月大概減少兩萬多元的退休金，因此，他想來想去，便決定煮竹筍稀飯出來賣，每個月可以賺一點錢來貼補。正好，我水果攤子旁邊有一枝電線桿，剩下的小小空地派不上什麼用場，便給他擺張小桌子來賣稀飯。」

我看一下老人豎立的廣告布條，那上面的字寫得真是漂亮。

原來，他是一所高中退休的文書組長，毛筆字自然寫得出色了。

妥善安排生活，不成為晚輩負擔

當立法院三讀通過政務官的改革退休條例，加上之前通過的公務員和教職員新的退休辦法，紛紛擾擾吵了許久的公教人員年金改革工作便算正式完成了。這工作是全國百分之六、七十的民眾都贊成的，我們已退休的公教人員自然無話可說。

賣稀飯的老先生，想到做小生意來增加收入，彌補退休金的損失，我則是正式向兩個兒子、媳婦宣佈，退休以來假日請大家出外在餐廳吃飯的事情要停辦了，因為我的退休金被刪減四成，日常生活要節儉一些。人老了，就必須想辦法適應大環境的變化，妥善安排新的生活，才不會變成處境可憐的人，成為兒子、媳婦的負擔。

星期天，老人的稀飯總是早早就賣完了，所以，我提早出門去光顧他的小攤子。老人把最後一大碗稀飯放在我面前。「丘老師，我前天去醫院家醫科看醫生，有看到你喔。」

「抱歉，我沒看到你，沒跟你打招呼，我是去拿高血壓的藥。」

「你有高血壓？」

「是啊，吃藥控制好幾年了，我聽醫生的勸告，每天定時吃藥把血壓控制好，希望不要發生中風的事情。」

「我也是，我很怕中風病倒，就不能照顧我兒子了。」

「聽說他目前在療養院，狀況還好吧？」

老人臉色一暗。「醫生說，也就拖個一、兩年吧，叫我要有心理準備，凡事看開點。」

「對，我們老人承受不起太大的打擊，只能凡事看開點，不計較不埋怨，想辦法調適心情好好過日子。像我，五十歲就退休，快快樂樂當個不必上班的作家，二十年來，靠著退休金把兩個兒子都栽培到研究所畢業，找到工作可以養家活口，當公教人員的退休金被大幅刪減，我對過去的政府還是心存感激的，我只是不斷的向神明禱告，請保佑我不要生病倒下來，才不用請外勞來照顧，花光退休金後可能要向兒子伸手拿錢來貼補醫藥費，那就太沒有尊嚴了。」

老人點點頭，似乎很贊成我的觀點。

我也很高興，似乎多交了一個朋友。

一個有錢的老婦人

每個人都有自己的生命故事，這位老婦人的故事，有著自己的選擇，有著母女親情的牽掛，但當她終於可以放下一切釋懷的時候，故事有了最好的結局。

灌溉嘉南平原的重大水利工程，嘉南大圳，有一條幾公里長的支流透迤流過我們麻豆地區。兩岸，在地方政府及熱心人士的多年整治下，成為平坦的水泥道路，每一百公尺就有照明路燈，供民眾坐著休息的長木條椅子，因此，支圳兩旁的水泥道路，便成為民眾散步、慢跑的好去處。

很多老人都是早早睡覺早早起床出門走路做運動的，常常，我清晨四點多鐘出門，在支圳兩旁便看見很多老人在散步、打拳了。

眾多老人當中，一個七十多歲的

老婦人最引起我的注意。她個子不高，講話的聲音卻響亮清澈，顯示出她的自信與品味，偶爾，與她擦肩走過，聽她講出國旅遊的情形，在餐廳享受美食的快樂。我斷定，這老婦人經濟狀況一定相當不錯。特別讓我好奇的，是她身邊的一個男人，個子與她差不多，年紀可能小她二十多歲，講話和舉止行動都很拘謹、客氣，不論刮風、下雨，一定親切地陪在旁邊。

兩人是什麼關係呢？

母親與兒子？

不像。兩人的容貌相差很多。

夫妻？

也不像，一來年紀相差太多，二來兩人總是親切地不斷說著話，一般夫妻年紀大了不可能如此和諧相處。

情人？

可能吧。是相當特殊的、不常見的姊弟戀人。

原來是日本料理店的房東

退休以後，我每個禮拜至少一次，在一家小小的日本料理店用餐。二十坪的店面不大，賣的東西也不多，可是，中年老闆待人親切有禮，記憶力特好，老顧客吃什麼料理他都記得清清楚楚，因此，生意維持得住。

下雨天，我剛進門，老闆笑著用日語打招呼，問我，天氣比較涼，是不是吃油炸天婦羅，配上一碗味噌湯？

我點點頭坐下。

門簾掀開，進來一個老婦人，我仔細一看，是清晨時分常跟我在支圳旁走路做運動的那個有錢的老婦人。

她沒有坐下，顯然不是來享用日本料理的。

老闆轉身看到她，趕忙停下手中的工作，客氣地打招呼：姜太太好。

她笑笑，點頭說：「我決定了，店租就不漲了。畢竟，景氣不好，你做生意也不容易。」

「謝謝，謝謝，」老闆鞠躬致謝，滿臉笑容。「真是太好了。」

她揮揮手走出去。

這個姜太太，果然如我猜測，是個有錢的老婦人。根據日本料理店老闆的說法，連同日本料理店在內，她在街上共有三間店鋪出租，每間店鋪的月租大約三萬元左右，另外，還有一大片文旦園，每年收入超過一百萬，而她膝下，只有一個女兒，聽說在高雄經營私立幼兒園，生意也不錯。

「她每天逍遙自在過日子，財產也不斷的增加，所以，根本不應該要漲房租。我們三家店鋪再三跟她請求，可憐可憐我們做小生意的難處，幸好，她聽進去了。」老闆鬆一口氣，聳聳肩膀。

味噌湯裡的柴魚片和小魚乾真是美味，我忍不住又要一碗。

「有錢是有錢，其實，她也是個苦命的女人。」

「怎麼說？」我好奇抬起頭。

「她啊，原本是窮人家的女兒，為了一份豐盛的聘金，遵照父母的安排嫁給一個體弱多病的富家少爺，沒有幾年，那少爺就死了，她公公勸她不要再改嫁，好好守著家門，把孩子養大，如果她在神前跪下發誓，遵守承諾，就把所有財產交給她管理。」

「為了龐大的財產，犧牲自己的青春年華，的確夠苦命的。」

「她很聰明，能力又好，把財產管理得很好。另外，公公死後，她把一個小她二十多歲的照顧文旦園的小男人收了做自己的祕密情人，也算懂得及時行樂了。」

我眼前浮起每天在支圳旁水泥道上，走在她身旁的那位男人，心裡恍然大悟，原來，兩人是這樣的親密關係。

受邀演講，竟能巧遇

八月八日，父親節，我應邀到一個公益社團去講「退休後如何與子女維持和諧關係」，聽講的都是上了年紀的人，非常意外，那個我認識的有錢的老婦人竟然是這個公益社團的理事長，她就坐在前排中央的位置上有趣地看著我，很顯然，她也認出我來了。

我先從我和理事長每天清晨就出門運動這件事說起，強調退休後要用心運動保持身體的健康，避免太早病倒成為子女的負擔，惹子女討厭，因為，久病床前無孝子，這句話絕對是真的。

很多人會心一笑。

接著，我舉很多例子，說明為人父母要包容子女的不爭氣要用心化解子女對我們的怨恨啦、誤解啦，以免臨死留下深深的遺憾。

運動再遇，老婦人已如釋重負

連續兩個颱風侵襲台灣，大雨、小雨把我清晨的運動打斷了。好不容易天氣放晴，我拿著雨傘出門到支圳旁來回走了兩次，很奇怪，沒看見那個有錢的老婦人，也沒辦法高興的向她表示感謝，給我很不錯的演講費。

再看到她，她是一個人的，陪伴的男人不見了，她微笑打招呼，邀我坐下聊一聊。

她說，那個男的在颱風天擔心文旦園淹水，連夜忙著挖掘水路，不慎滑倒，引發嚴重腦中風，急救無效，天亮不久就死了。

處理完喪事，她給在高雄經營幼兒園的女兒寫信。告訴她，祖上傳下來的文旦園再也無人可經營、管理，所以打算出售，大約可賣到三千萬元左右，母女各分一半，不知道她是否同意？

很久以前，女兒在大學唸書時，有一次臨時有事回家，撞見她和那男人抱著午睡，非常生氣，大聲罵一句：「不要臉！」就摔門離去。從此，再也沒有回來過。女兒畢業後應徵在一家幼兒園當老師，兩年後嫁給年輕的老闆，從不主動和母親聯絡，都是母親跑去高雄找她，她總是冷冷淡淡不多話，倒是女婿對她還不錯，會開口喊一聲「媽媽！」和她閒話家常。

真的沒想到，女兒接到她的信後，偕同夫婿回來麻豆老家，認錯似的握住她雙手，態度很友好。

原來，受到「少子化」的影響，小孩子愈來愈少，幼兒園招生日益困難，兩、三年來虧損愈來愈大。正好，老家無人可以照料文旦園了，所以，夫妻倆決定結束幼兒園，一起搬回來麻豆長住，也接手管理祖傳的文旦園。

老婦人一口氣說完這些事，如釋重擔長舒一口氣，開心的微微笑。

晨曦初露臉，紅色陽光照在她臉上，似乎已經掃光多年來她因為母女失和承受的壓力與煎熬，使她有一種重新做人的感受。我發覺，她其實長得很好看，年輕時候，是個美人吧。

解憂雜貨店

在心裡諮商輔導尚未普及的時代，《解憂雜貨店》扮演的就是這樣的角色。如同我一般，為需要的人開導。但，我也有遺憾愧疚，無法回覆的時候。

我一向喜歡看日本電影，而當在報上看到《解憂雜貨店》上映的消息，立刻趕到電影院欣賞。

日本著名的推理小說家，東野圭吾寫的《解憂雜貨店》，全球暢銷八〇〇萬冊，書迷超過一〇〇〇萬人，改編成電影，由日本老牌影帝六十九歲的西田敏行主演，在日本創下九億多的票房，轟動海內外。

其實，《解憂雜貨店》不是推理小說，一點也不緊張、恐怖，相反的，它走溫馨、感人路線。西田敏行飾演雜貨店的老闆，他閱歷豐富、熱心助人，附近鄰居如果有什麼人生疑難、困惑、憂愁，都可以寫信請他回答開示。可以公開的，會貼在雜貨店大門前的告示牌上，如果是隱密不可告人的，老闆就把回信放在店旁的牛奶箱裡，由當事人自己去取得。

心理諮商輔導，這是我做了一輩子的工作，也是《解憂雜貨店》老闆在做的事情，這是我很喜歡去看這一部電影的原因。只不過，在這本書發生的一九八〇年代，心理諮商輔導這名詞尚未普遍被人所知曉吧了。

從小學生到母親，都來信求答案

雜貨店的老闆很有趣，他熱心幫人解憂解惑，也很有責任感的，在罹患胰臟癌即將死亡時，叮嚀他兒子，在他死亡三十三週年以後，要公布消息，請接受過諮商幫忙的人寫信回來告知，他（她）是否得到真正的協助。

有一個天真可愛的國小學生問道：學生要如何才能考試滿分？

雜貨店老闆回答，請老師出題目時只考學生自己做過的事。這樣，學

心理諮商輔導，這是我做了一輩子的工作，也是《解憂雜貨店》老闆在做的事情。

生心中清清楚楚，自然不會答錯。這個天真可愛的國小學生後來回信附上他和小朋友合照的相片，說，他當老師以後，凡事都以學生為重心，事事替學生考慮。現在，他已當了一所國小的校長。

一個年輕的女子來信請教，她和有婦之夫外遇懷孕了，不知道要不要把孩子生下來？

雜貨店老闆把回信放在隱祕的牛奶箱裡，說：「沒有婚姻的支持，獨自扶養孩子是非常辛苦的……」

兩、三年後，有一個年輕的媽媽開車帶著小女兒投海自盡。媽媽淹死了，小女兒卻在車子墜海時彈出車外，幸運的被救起來。

雜貨店老闆在報紙上看到這消息，還有年輕媽媽的照片和姓名，非常震驚、非常難過。因為，那姓名他是記得的，就是寫信請他指點迷津的那個未婚懷孕的女子。

幸運被救起來的那個小女兒被孤兒院收養，高中時，有一天，她無意中在圖書館裡翻閱舊報紙，看見她母親帶她投海自盡的新聞和照片，大受刺激，痛不欲生，認為自己是帶著罪孽出生的孩子，是父親不要母親不愛的人。她慢慢走向學校的最頂樓平台，站在邊緣，絕望地大叫一聲，一躍而下。

幸運之神再一次伸手救她，她墜樓時先摔在遮雨棚上，翻滾跌落地面，只受到擦傷而昏迷。在醫院裡被救醒，有班上的好朋友來看她，帶來孤兒院院長轉給她的母親遺物，是一封信，就是當年她母親未婚懷孕時困惑萬分向雜貨店老闆求助，對方回覆她的那封信：「沒有婚姻的支持，獨自扶養孩子是非常辛苦的。如果，妳有勇氣為這孩子承受一切的困難，忍受非常多的孤獨與寂寞，那，就把孩子生下來吧。」

看完母親遺留下來的這一封信，想自殺的高中女生放聲大哭，但，心裡是溫暖滿足的，因為她知道，母親在徬徨無助時決定把她生下來，母親是多麼疼愛她願意為她承受很多很多的困難和痛苦。

事後，女孩拜訪母親生前的同事，才知道當年她發燒生病，多日來勞累辛苦工作的母親向同事借了車子，緊急送她去醫院求診，路過海邊狹窄道路時，因為疲倦打瞌睡，轉彎不小心，便衝向大海而失事。

多年後女孩子回信給雜貨店老闆，向他說明自己的成長過程，保證，會珍惜母親給她的生命，好好的生活下去。

雜貨店老闆，最後的溫馨回覆

另外一個孤兒院長大的年輕人，雖然聰明、有能力唸書，卻自暴自棄，以為自己是在酒店上班的爛女人生的，連父親是誰都不知道，真正的人渣一個，將來，也必定混黑道，自我毀滅罷了。所以，到處惹是生非，不務正業。憤世妒俗的他，給雜貨店老闆一封信，信封內卻只是一張白紙，什麼也沒寫，因為他想，自己什麼也沒有，毫無希望啊。

已經胰臟癌末期的雜貨店老闆仔細思考後才慎重回信，這是他結束服務工作前所回覆的最後一封信了。他寫道：「你是自由自在毫不受干擾與限制的，也許你目前什麼也沒有，但是，唯有如此，你有非常多的選擇，有無限多的發展可能，你一定要抱著無比的勇氣與希望，去好好開創你美好的未來。」

年輕人看完信，看了又看，激動地又跑又跳，好像被當頭一棒，徹底甦醒了。多年奮鬥後，他成為有愛心的醫生，為照顧病患每天辛勤、有意義地工作著。

那件讓我遺憾的解憂故事

看完《解憂雜貨店》，聯想到我從台南高商心理輔導老師職位上退休下來，立刻轉到嘉義鹿草監獄和台南市憂症關懷中心當心理諮商志工的過程，所做所為，全是輔導助人的工作，這輩子，算得上沒有虛度時光了。只是，一轉眼，有一件令我十分遺憾、愧疚的往事浮上心頭。

希望當年尋求解惑的同事太太已經原諒我，不再怨恨當年沒有回信，分攤她的焦慮與憂愁。

有一天，我在台南高商輔導室內接到一封信，是一位同事的太太寫來的，她，很不幸，第一次生下的孩子就是腦性痲痺患者，這樣的兒子使她飽受親友的嘲笑，公婆厭惡的表情全寫在臉上，丈夫也很不諒解。為此，她羞愧、痛苦，好幾次想帶兒子自殺，卻下不了狠心。無可奈何，寫信到輔導室給我，問我，她應該怎麼辦？

接到這一封信，我實在很惶恐，幾次提筆，就是寫不完信。我不知道如何安慰她，心想，我如果自己有這樣的孩子，一定非常痛苦，別人空口說白話，能安慰什麼呢？再說，我同事有這樣的兒子，一直不敢讓別人知道，我的回信如果被他看到了，會不會勃然大怒對我很不諒解？

為此，狠下心，我一直沒有回覆。

退休十多年後，有一次和家人在一家大餐廳吃飯。很意外，看見我同事和太太陪著智能不足的兒子也進來用餐，那大男孩的動作遲緩笨拙，幸好，父母細心照顧，沒有引起別人太大的注意。

我低下頭，不敢讓同事看到我。只在內心默默祝禱，這一家人能平平安安過日子。也希望同事的太太在很多年後，已經原諒我，不再怨恨我當年沒有回信分攤她的焦慮與憂愁。

第四章　人生下半場的重要功課

坦然直面，不遠的死亡

衰老、死亡，是無法迴避的。
既然如此，與其逃避不如以正確的心態面對，
當一個對自己生命終點很有想法的正向老人。

清明節、骨灰、寶石

不同國家對於身後事的習俗不同，不同的世代也對此有不同的看法，而我，則是希望回歸自然，最近興起將骨灰壓製成寶石的方式，對我來說，也很有吸引力呢！

四月四日，是兒童節，恰好也是掃墓祭祖的清明節。彷彿提醒人們，用心疼愛兒孫時，也要重視種種老人問題。

就在清明節這天，我在報紙上看到一則很有意思的新聞。親人的骨灰再次經過高溫燃燒後，利用高壓縮減體積的技術，可以凝結為一元硬幣大小的球體，形成好看的寶石。一名逝者可以化身為很多顆這樣的圓珠子，可以放在家裡祭祀或當作紀念品收藏。

這一則新聞報導把我的思緒一下子拉到很遙遠的印度。

有一年暑假，我在印度半島旅行，一個酷熱的早晨，我沿著寬廣的恆河散步。有風吹來，空氣中有一種東西燒焦的味道。我好奇走下河堤，看到不遠處有人在辦喪事，正在焚燒屍體。一般印度人的習俗是，屍體燒成骨灰後，直接把骨灰灑在河裡，任河水沖走，不像台灣人一樣，把骨灰供奉在寺廟或納骨塔裡。

那天早晨，我一共看到三戶人家把親人火化後，讓骨灰隨著恆河河水漂向大海。而，附近的河中，不少印度人維持早起後泡在恆河河水中淨身、拜神的儀式，一點也不介意與死人的骨灰同在河水中漂浮。

回想到這裡，我笑笑，佩服印度人瀟灑看得開。

出發，探視在天之靈的父親

接著，我騎摩托車出門，前往區公所經營的「生命紀念館」祭拜我父親的骨灰。

站在父親分配到的小小格子前，我凝視骨灰罈子上父親的照片，他死前的叮嚀彷彿又在耳邊響起：「我不要燒成灰，我要用土葬的。」

那年，台灣各縣市政府還沒有禁止土葬的規定，我在區公所所屬的公墓裡幫父親申請到三坪大小的土地，把父親妥善埋葬了。

每一年清明節，我都用心整理父親小小的墳墓，買他生前愛吃的潤餅祭拜他。

悠悠二十年幾過去。

區公所在公墓邊興建十分新穎、漂亮的「生命紀念館」，要求民眾把公墓裡的先人骨骸移入、供奉，達到綠化、美化環境的目標。

按照台灣人「撿骨」的習俗，我請禮儀公司的人作法、頌經、祭拜，挖開父親的墳墓，撿出他白淨的骨骸，裝進骨灰罈子裡。

全部過程中，我恭謹地跪拜在墳前，希望父親原諒我，不得不毀了他的墳墓，驚擾到他。

我準備吩咐兒子們，將來就把我的骨灰變成圓滾滾的小球體，我寫的四、五十本書就環繞四周，陪伴著我。

傾訴對父母的無盡思念

清明節這天，「生命紀念館」裡人山人海，都是手持一束香來祭拜先人的民眾。父親年輕時候是農夫，習慣了野外空曠的環境，聽慣了蟲鳴鳥叫，看多了日月星辰。如今，窩居在「生命紀念館」裡不知道他舒服不舒服？祭拜完父親後，我又騎了半個多鐘頭摩托車到郊外的「保濟寺」探視母親。

母親是慈祥、看得開的人，她吩咐我把她火化後安奉在寺廟裡，早晚聽聽佛經、佛法。唯一的要求是，她怕高，所以，骨灰罈子要放在低矮處，方便她來來去去。

我把母親的骨灰罈子供奉在納骨塔一樓正中央，在威嚴的地藏王菩薩身後。我站著，正好可以面對面跟母親說說話。

母親生前辛苦持家，非常疼愛子女、孫子，所以，祭拜時，我一定把大大小小家屬的狀況向她一一報告，請她保佑大家平平安安。

我的後事，就化成寶石與書相伴

七十三歲的我，最喜歡佛教高僧講「空」的道理。在我看來，人體只是諸多元素組成，一旦生命結束，燒成骨灰，像印度人一樣，任由河水沖走，了無痕跡，最是逍遙自在。像我們台南一中的老校長，他兒子是國際著名電影大導演李安，老校長高齡去世後由李安把他的骨灰由台南的安平港送出海，灑在大海中，何等空靈美好！

平常，我常在住家附近遼濶的葫蘆埤散步，埤中水深碧綠，岸上楊柳低垂，景色優美，我常想，將來死了，讓兒子把我骨灰偷偷灑在埤中，早晚與大自然為伍，絕對勝過窩居在納骨塔中。可是，我不敢把這種想法說給兒子們聽，怕他們違反法令，會感到害怕。這，倒成了我晚年苦惱的一件事情。

如今，可好了，進步的科技可以把骨灰煉製成一元硬幣大小的晶珠，成為方便收藏、把玩的寶石。我準備吩咐兒子們，將來就按照這樣的方式處理我的後事。

想像，有一天，我成為圓滾滾的小球體，被兒子們放在我寫作幾十年的書桌抽屜裡，或是，放在書桌上的一個盤子上，我寫的四、五十本書就環繞四周，陪伴著我，那是何等美好的景象。這樣描繪未來，我忍不住快樂地笑了起來。

關於死亡

兄弟姊妹中，我和三姊最不畏懼談論死亡，她甚至已經確定將來會成為大體老師，而我，也只想輕鬆、自然地死去，身後事簡單一點，更好。

住在竹北市的三姊，突然打電話來，高興地說她已完成所有的手續，死後，把身體捐給一所著名大學附設的教學醫院，以「大體老師」的身分供學生們研究使用。

三姊大我三歲，是退休國中老師，今年七十六歲，顯然對生死大事已瞭然於胸，無所牽掛，所以才能有此重大決定。

上了年紀的老人，有的很忌諱談到「死」這件事，有人不會。我和三姊都不怕死，不在乎壽命長短，只是常互相勉勵，要行善積德，儲存福報，希望該死的時候，輕鬆、自然死去，沒有太大的痛苦，少受一點折磨。

與祖先的溝通，尋求靈感

在我們台南縣的七股鄉（現在改為台南市七股區），有一靠海漁村，叫「篤加」，村落裡，居民全部姓邱（丘），是我們老祖宗邱乾成三百多年前追隨鄭成功來台灣時落腳的地方。我以後代子孫的身份，常去走走看看，緬懷先人唐山過台灣的英勇壯烈事跡。

接到三姊長途電話這天，我慢慢騎著摩托車從麻豆到七股的「篤加」村，花了一個半小時，抵達時，將近中午十二點，烈日當空，溫度大約攝氏三十六度吧，大家都躲在家裡吃飯、休息，路上少見人影。我走進寬敞的邱（丘）氏祠堂，一個人站在列祖列宗靈位前虔誠禱告，希望祖先們給我一些暗示或靈感，讓我知道大概什麼時候死亡？

禱告完畢，默立一會，才走出祠堂的院子。突然，在院子的磚塊上看見一隻剛死去的老鼠。很高興列祖列宗如我所願，讓我知道將來可能死於「鼠」年。

再活個幾年，我的小孫子柏勳已上小學了，我的雙胞胎孫女楷婷、楷珍也唸幼兒園了，都已略微懂事有記憶力，可以記住我這個阿公生前一些事情，又不必我陪他（她）們遊戲了。我悄悄死去，大概身體狀況還不至於太糟糕，不至於死得太痛苦，多美好。（有的老人活到八、九十歲，中風或病重行動不方便，大小便無法自理，如同活在地獄當中，這是我最害怕的。）

老人除了害怕死的痛苦，也害怕死後繁瑣的殯葬要花太多錢，所以，在生前要省吃儉用，日子過得很痛苦。

簡單處理身後事，有必要

台北的記者陳宛茜曾有一篇報導指出，在日本，喪葬費用昂貴，一個人的身後事大概要花掉日圓五百萬，約台幣一百七十萬元。因此，有宗教學者提倡「零葬」運動，病體從醫院直接送往火葬場，骨灰由火葬場處理掉，不需要有墓地與祭拜儀式。

這篇新聞報導我看了相當喜歡，便把報紙影印好多份，送給熟識的老人做參考。的確，台灣的老人化以及少子化現象跟日本差不多，將來，沒有錢買地方安放骨灰或無人送終等社會問題會很嚴重，簡單死亡簡單處理「身後事」絕對有必要。

十幾年前開始，台灣便有寺廟提倡「樹葬」。病體火化之後，裝入特製的紙袋，在大樹下挖坑埋葬，經過一段時間，紙袋溶解，骨灰便與土壤、樹葉融合在一起，真正的與大自然合而為一，簡單、高雅，是最值得提倡的方法。

早睡早起，通常是老人固定的生活方式。每天清晨四點多，我走進麻豆國中遼闊的校園走路做運動，往往看到大我幾歲的高師母，已經柱著枴杖在大樹下做深呼吸、做柔軟體操。

高師母的先生，高老師，以前是麻豆國中的前身「曾文中學」的老師，我在初中部唸書時上過他的課，所以，現在，我每一次碰到高師母，都客客氣氣鞠躬敬禮。

師母說，自從高老師去世後，她就去一所大廟的廚房當志工，三十幾年來，非常喜歡那裡的幽靜環境，她已經得到廟方的允許，將來死後，就在山坡上「樹葬」了事，人生沒有任何遺憾。

當年，高師母要出嫁，在我們小鎮上曾引起很大的議論，在那個保守的恐怖時代，台灣南部的鄉下人對從中國大陸遷移過來的「外省人」是非常排斥、畏懼的，高老師是軍中的少校，屆齡退伍後通過中學教師甄試，來曾文中學教書，四十多歲的他，孤孤單單一個人，常在菜市場一家麵攤子吃東西，認識只有國小畢業的十八歲女孩子，她是麵攤老闆的獨生女，兩人互相喜歡上了，先是同心協力克服麵攤老闆的反對，繼而不顧熟識民眾的指指點點，在我們幾個班上幹部的協助下完成結婚、宴客的儀式，成了恩恩愛愛的夫妻。

高師母生有一女，非常會唸書，在台大從學士唸到博士，又留校當老師。她的成就，一定讓高老師在天之靈非常欣慰吧。

我常想，老天給我們一條命，一定要善用產生價值才有意義。像高師母，讀書不多，卻能在特殊的時空下，讓漂泊半輩子的高老師在台灣南部安定下來，使自己貧窮的父母衣食無缺度過晚年，又栽培出一位博學多才的台大女教授。她的一生，意義非凡，死後選擇「樹葬」，回歸大自然，何等有智慧！

生命仍然有亮點

老人，是社會中的重要議題，但是，更重要的是老人自己，是否有一顆良善的心，行善積德，不只幫助他人，也能為自己的餘生增添光采。

電視新聞紛紛報導，台灣老人增加速度之快是全世界第一。很快的，我們會像日本一樣，面對嚴重的老人問題。

身為老人之一，我很高興看到《蘋果日報》的報導，七十四歲的張秀雄先生，多年前與家人出遊時，看到轎車因為視線不良而對撞，從此，他每天騎著機車在台北和桃園地區沿路擦拭旁邊的反光鏡，使駕駛人在轉彎路口能把附近路況看清楚，避免發生車禍悲劇。

五年多來，張秀雄已經擦拭過了

八萬兩千多片反光鏡，曾經不小心從鋁梯上摔下來，摔斷五根肋骨，躺了五十多天。現在，仍然勤奮工作。行政院交通部為感謝張秀雄的義行貢獻，特地頒發「金路獎」給他，見證他發光發熱的老年生命。

人老了，求神拜佛時當然都祈求能健康長壽。但是，從很多老人身上，我卻看不到健康長壽的因素，包括，存心邪惡，常為了自己私人的利益陷害別人，貪心錢財，做出傷天害理的事，沒有慈悲心、寬恕包容的美德，處處刁難別人製造仇恨……台灣的社會如果多一些像張秀雄這樣默默行善積德的老人，少一些厚臉皮不知羞恥的政治人物，少一些貪贓枉法的司法敗類，少一些只知攻擊別人從不虛心檢討自己的媒體小丑，我們的生活環境一定乾淨多了，我們居住的地方才說得上是「美麗之島」。

心地善良美好的夏老師夫婦

認識夏老師夫婦很多年了。兩人原本都是師範學校畢業的國小老師，結婚後不久，適逢政府推行九年國民教育政策，各鄉鎮均設國民中學，兩人便勤奮讀書自修，通過國中老師的甄試，轉到國中任教。夏老師教工藝，他太太教美術，我們在國中成為很談得來的同事。

我十分敬佩夏老師，因為我們常在一起打網球，他為人慈悲、善良，很好相處。他的兩個兒子都很會唸書，一路拿獎學金唸到大學醫學院，畢業後都成為內科醫生，在我們小鎮上傳為美談。

退休老師，全心幫助孩子

夏老師五十五歲那年申請退休，隔年，他太太也退休，兩人把老家的老房子拆了，改建成兩間小教室，義務收留家庭貧困的國小學童在放學後來教室裡唸書、寫作業，還自掏腰包聘請老師幫孩子們補習功課，買點心給正在長大容易肚子餓的孩子們吃。

有一天，夏老師突然到我家找我，原來，他到處搜集兒童讀物給小朋友閱讀，好訓練他們的作文能力。在網路上看到我與大自然對話寫成的《百年樟樹聽我說話》散文集，認為很有意思，便問我能不能給他幾本？我當然恭恭敬敬奉上十本。還切了一盤好消化的木瓜邀他一起品嘗。

夏老師七十三歲了，依然保有早晨打網球的好習慣，頭髮雖已半白，但臉色紅潤，精神抖擻，看起來，好像比我還年輕幾歲。

我稱讚他，行善積德多年，心靈安祥，無憂無慮，身體康健，將來一定能長命百歲。

他拱拱雙手謙虛地說，他小時候家裡很窮，雖然初中畢業後很想考高中上大學，但，老慮到父母供不起學費，只好唸公費的師範學校，十八歲就當了國小老師，賺錢幫父母養弟弟妹妹。結婚後，因為太太也是國小老師，兩人生活安定，才能夠存錢養育自己的兒子，栽培他們成為醫生。

一路走來，一直心存感激，感激老天保祐平平安安過日子，感激兩個兒子聰明乖巧成為有用的人。所以，夫婦倆在退休後便出錢出力成立「課後輔導中心」，收留那些弱勢家庭的孩子來溫習功課寫作業，期待他（她）們也能像自己一樣，藉由認真唸書來翻轉人生，出人頭地。這樣做，也許可以減輕自己一生中不小心造成的許多罪孽吧。

從夏老師身上，我聯想到古人常說的道理：

心存善念，福雖未至，禍已遠離；

心存邪惡，禍雖未至，福已遠離。

我們一生所犯的過錯不知有多少？折損的陰德不知有多少？來到老年，如果能像夏老師一樣感激、惜福，進而慈悲待人行善助人，才能平安幸福的走到人生終點吧。

與阿瑞善美的師生緣分

俗話說，凡走過必留下痕跡。每一次經過阿瑞的米糕店，我就想起這一句話。

十多年前，我每個禮拜有兩天以心理輔導志工的身分，在嘉義監獄講人生種種問題給犯人聽，很多人笑我白費力氣，說我感動不了那些社會邊緣人，沒有人會因為我的輔導而改過向上，重新做人。

幸而，阿瑞成為我的「好學生」。

阿瑞原是黑社會份子，在賭場當保鏢混一口飯吃，被關進監獄是因為殺了人。

他偶爾聽我講日本戰國時代的流浪武士，宮本武藏，年輕時候為非作歹，人人厭惡，後來經高僧感化修練成武林高手，打敗不可一世的佐佐木小次郎。感動之餘，阿瑞成為我講課時認真聽講的好學生，幫忙維持上課的秩序。

監獄成立「台灣小吃訓練班」時，我推荐阿瑞參加。多年後他出獄，便在菜市場經營米糕店，賣米糕、四神湯。生意很好，使他順利脫離黑道，已離婚的太太也帶著孩子回來跟他團圓。

記得那天傍晚，我在阿瑞攤子前坐下，電視正播放二十萬退休軍公教人員上街「反污名、要尊嚴」的抗爭大遊行。

阿瑞看到我，笑起來，問我為何沒有去台北參加大遊行？

我吃著美味的米糕和四神湯，說，政府財政困難，砍我四成退休金，我勉強還可以生活。再說，我已是等待死亡的老人，抗爭什麼呢？

阿瑞笑笑，埋頭準備著要交給區公所人員轉送給窮困家庭的六份免費便當。汗水從他額頭掉下，我看到他斑白的三分頭，突然想到他也六十出頭了。進入老年，忘了惹是生非的年輕歲月，正正當當做生意，每天還捐六份免費便當給弱勢家庭。行善積德，餘生仍然有亮點。

我好珍惜我和阿瑞的「師生緣分」。

老人的小小快樂

當成為老人，參加喪禮的次數也愈來愈多，對於自己的餘生，有更多的體悟。看著照片中開心的逝者，也期許自己在餘生能留下這麼開朗的片刻。

住在竹北市的一位姻親去世了，他大我兩歲，為人親切有禮，所以，雖然路途遙遠，我又一向不喜歡出遠門，仍然克服坐車的無聊與辛苦，一大早就從台南出發去新竹殯儀館參加他的葬禮。

老人參加老人的出殯儀式，心情實在相當沉悶不堪。但是，一到現場，看見那張彩色放大照片中，滿頭白髮卻笑容滿面，穿著日本和服的他，我整個人愣住了。稍後，忍不住微笑了起來。

「父親生前最喜歡這張照片了。」

突然，有人這樣說。我偏頭一看，是姻親的兒子。

「穿著和服，是在日本旅行吧？」

「是的，去年春天，他們一共九個人去日本大阪看櫻花。父親回來，一直津津樂道，顯然玩得很開心。」

「實在想不到，洗腎的老人……竟然也可以出國去玩。」

「這要感謝他們的好醫生。洗腎的病人，每三天就要洗腎一次，醫生有慈悲心，自願在兩位護士的協助下帶他們出國去玩，好解除久病的鬱悶不樂。去日本旅行，一共五天四夜。行前，先在醫院洗腎一次，在日本高高興興玩兩天後，第三天，在當地的醫院是醫生事先安排好的，洗腎一次，再繼續玩兩天，回來的隔天，回醫院再洗腎，如此，就把難題解決了。」

我佩服得一直點點頭。「世界上竟然有這樣慈悲體貼的好醫生，真是人世間的大菩薩。」

「不錯，碰上這樣好心的醫生，是父親最慶幸的事。暑假以來，父親

我慶幸當年，用輪椅推著父親上街，從沒有因為付錢猶疑過，使父親掃興。

病情沉重，病床上，他常常翻著去日本旅行五天四夜拍照的相簿，臉上流露出滿足愉悅的笑容來，我們看了很欣慰。」

我閉上眼睛雙手合十，在姻親彩色放大照片前低聲誦唸：「南無阿彌陀佛」，唸了很久。

心裡，很為他生前有一次難得的日本旅行感到欣喜。

對死亡的全新領悟

回程，車上，聽到兩個斑白頭髮的歐吉桑聊天，覺得很有意思。

「你記得，唱紅『燒肉粽』這首台語老歌的郭金發，在舞台上唱歌時突然昏倒死了，真是嚇人一跳。」

「是啊，令人不捨。可是想想，活到七十多歲了，突然心臟病發死了，也是一種幸福呢。沒有什麼痛苦，沒有久病臥床拖累子女，成功的歌王唱歌時死在舞台上，何等逍遙自在。」

「你說得不錯，我最近聽一位心理學家演講，說，老人有三大快樂，是活得久，活得好，死得快。希望我們兩個人將來都能如此。」

「彼此加油吧，加油，加油。」

我突然想起我父親晚年的生活。

還好，讓生病的父親有快樂的時光

父親七十多歲時中風，行動不便，在那個尚未有外勞幫傭的時代，我不得不親自照顧父親。可是，照顧老人實在很累，我忙於教書之餘，除了按時送三餐飯菜到老屋子去，父親最期待的洗澡，我只能三天幫他洗一次。我先放好溫熱的水，然後幫父親脫掉衣服和褲子，再小心翼翼扶他走入浴池。父親泡在浴池裡會先舒服地做幾個深呼吸，完了，我舀起溫水慢慢從他脖子後面淋下，淋過他背部，如此反覆多次，他常高興的哼哼唱唱，彷彿十分享受這個過程。

父親是個微胖的人，幫他洗一次澡，大約需要半個鐘頭，不管夏天還是冬天，我都因用力而滿身大汗，正好補足平日運動的不足。

父親換上乾淨的衣服後，我就推著輪椅帶他上街採買。

最先買的是木瓜和菠蜜果菜汁，其次，重頭戲，是挑選父親要親自烹煮的草魚。父親年輕時在農村種田過活，為了方便我哥哥、姊姊坐車去市區唸一流的台南一中和台南女中，他搬到麻豆鎮上租屋居住，順便在菜市場擺攤子賣魚。所以，父親對魚的研究是很內行的，他買草魚，都要挑選草魚腰下兩、三寸的地方，認為那部位的魚肉刺少又特別滋補美味，是人間極品。

記得有幾次，魚販說，切成一圈一圈的草魚都賣完了，要買腰下兩三寸的部位，必須再新宰一尾草魚，怕剩下的賣不完，所以價錢要貴一些。怕花錢的父親常因此陷入掙扎，捨不得購買。我便拍拍父親的肩膀，說：「買了，買了，多花一點錢有什麼關係。」父親接過三圈草魚，看我付了錢，他總是笑得很開心。

這是三十多年前的事了，回想起來，我很慶幸，當年，用輪椅推著父親上街買東西，從沒有因為付錢的事猶疑過，使父親掃興過。因為，那是老父親難得的一種快樂啊。

當自己是老人，快樂時光自己追求

如今，我自己垂垂老矣。每一次在街上看到老人坐輪椅的樣子，真是心有戚戚焉。我實在害怕自己有一天也行動不便要坐上輪椅。那表示，真正的衰老，要失去生活自理能力了。

偏偏，某天中午很巧，在一家超商幫小孫子買一包洋芋片出來，門口，就碰見老人坐在輪椅上。我趕快讓路給他，可是，那張熟悉的老面孔使我停下腳步。沒錯，輪椅上的老人是多年前認識的一位老朋友，是以前常和我一起打麻將的。

老人病倒，是很糟糕的事，可是在死亡前，還是要好好過日子，追求快樂的。

「你？……」我們不約而同開口，卻都只說出一個「你」，便止住了。心中感慨太多。

過一會，老朋友苦笑。「我坐在輪椅上，半年多了，記得，我大你五、六歲呢。」

我點點頭。「以前，放假的日子，我們常聚在一起打打麻將，吹吹牛，過得很快樂。」

「我現在就是要去朋友家打麻將。」他用手拍拍電動輪椅的手把。

我張大眼睛，忍不住笑起來。「真的？」

「沒錯。我想通了，老人病倒，是很糟糕的事，可是，在死亡以前，還是要好好過日子，追求一些快樂的。每天，到朋友家打兩圈麻將，很快的一個下午就過去了，可以忘記很多憂愁。」

「還可以訓練腦力，避免得到老人痴呆症？」

老朋友伸手跟我握一握，笑笑，操作電動輪椅離開了。

那背影，給我很大的啟示。

將來有一天，我坐在輪椅上，希望，我也可以找到生活中的一點樂趣。

阿彌陀佛，老人失智症

經常忘東忘西的，讓我懷疑起自己是否得了失智症，加上老藝人罹癌的消息，無不揭示著老人必須面對病痛的困境，不過，我們就坦然面對吧！心平氣和接受，死亡並不可怕。

有一部小成本卻大賣的電影叫做《為了與你相遇》，敍述一隻聰明伶俐的狗三次死亡後又三次出生為狗，堅持要尋找到最初名叫伊森的主人。當時電影上演一個月後，佳評如潮，我也決定去欣賞一番。

一個星期三上午我騎摩托車抵達市中心的「南台戲院」，發現距離開演還有半個鐘頭，便打算先在附近路邊攤吃個綠豆湯。吃完，走開，被老闆大聲叫住，他提醒我，我沒給錢呢。

我先是一怔，接著想起來我確實忘了給他二十五元，趕快苦笑陪不是，掏出二十五元零錢給他。我最近老是忘東忘西，騎摩托出門也常迷了路，不知道，這是不是老人失智症的前兆？

失智症會不會找上我

台北的記者陳慧貞報導，名小說家瓊瑤七十九歲後在臉書發表千字文，透露她母親過世前兩年罹患失智症，那是對病患和家屬都是難忘的折騰。當時，母親隨時想衝出家門，因為她誤以為被欺負所以不斷喊「救命」，瓊瑤和妹妹因此常和母親上演拉扯、哭喊的戲碼，被家人誤會、責罵，真是受盡委屈而心力交瘁。

現在，事過境遷，失智症是她最怕的一種病，希望國家能立法通過「失智者列為安樂死優先病人。」因為到了重度失智的階段，病人會失能失禁，沒有生命尊嚴，也沒有生活品質，會忘掉自己最愛的人，也忘掉自己……這是多麼殘忍的最後一站。

我已是過了七十歲的老人，仔細拜讀瓊瑤的文章，真是敬佩她的用心良苦、慈悲為懷而心有戚戚焉。回憶我二、三十年前親手照顧年老父母親的種種過程，只能慶幸，沒有罹患失智症的父母是多麼幸運啊。而我自己，能倖免嗎？

世界衛生組織委託權威醫療機構經過多年研究後發表一份論文，說：

五十歲的人罹患失智症，大約能再活三十三年。

六十歲的人罹患失智症，大約能再活二十五年。

七十歲的人罹患失智症，大約能再活十七年。

八十歲的人罹患失智症，大約能再活八到九年。

想到我們這些七十歲左右的人如果患了失智症，自己胡思亂想又忘東忘西，根本無法正常過日子，還要給家人製造無窮盡的麻煩而招致親友的憎恨，這種日子長達十七年左右，我真是不寒而慄又痛苦萬分。

大詩人余光中，在過完八十八歲生日不久，因生病在大醫院的加護病房住了一段時間，受盡病痛折磨的他，不禁感嘆地說：「長壽卻不健康，是老天的懲罰。」

他說的是切身之痛，在我們老人看來，卻是至理明言。

春天，原是生機勃勃的好季節，可是，台灣因為長年政黨惡鬥導至經濟衰退，年輕人飽受工作操勞薪資低落的痛苦，所以，上自總統下至民意代表個個磨拳擦掌要大砍退休軍公教人員的退休金，立法院即將通過的法案，我們這些月退的人大概每個月只剩下六成金額。在生活費比較昂貴的中北部，這點錢根本無法生活，在我們南部，如果病倒則僅夠聘用一個外勞來照顧，其他的生活費、醫療費必須伸手向兒子、媳婦要，實在毫無尊嚴可言。

老了，就坦然面對病痛

難怪，一位電影導演一邊在大學教書一邊在報上發表文章，說，政府的年金改革方案，讓他想起日本早期的一部電影《楢山節考》。

日本早年農業時代，一般人生活普遍貧窮，在一處落後的山區，生活尤其艱難，因此，老人在七十歲以後，便由兒子背上山去放著，活活餓死，或，給狼吃掉，如此可減少糧食的損耗，讓年輕人能夠活下去。

有一個阿婆，快七十歲了，身體相當健康，牙齒良好，吃東西很方便，她為此感到羞恥不安，認為自己老而不死，太浪費糧食，便拿石頭敲打牙齒，希望牙齒掉光少吃東西。

七十歲到了，她拿出事先編好的竹袋子，要兒子背她上山去等死，兒子依依不捨，放下她以後頻頻回頭看，她卻不在乎的一直揮手，示意兒子離開。大雪飄落，阿婆坐在一大塊石頭前面，安心的閉上眼睛，等待死亡來臨……。

我這個活過七十歲的老人，年輕時候看這一部電影，感觸不多，而當政府要大刀砍退休金的時候，想起這一部寫實電影，想起大多數年輕人認為被老人剝奪財富的心理，我平靜地領悟，台灣的老人也許趕快死掉會比較好。

心平氣和拒絕癌症篩檢

當時，著名藝人豬哥亮大腸症末期病危的消息一傳出，坊間議論紛紛。我去醫院回診，拿控制高血壓的藥，醫生開單子，要我檢查血夜、糞便，說是免費的。我婉轉加以拒絕，醫生甚感詫異，問我為何不檢查是否有癌症徵兆？

我想一下，說，我這樣年紀的老人，一生活得很精彩，真的是心滿意足了，再活下去，如果病倒或失智症纏身，會很痛苦，又連累兒子、媳婦，是很不好的。英國有一教派說，如果癌症來了，就心平氣和接受它，感謝老天要癌症來結束我的生命，帶我離開這苦難的世界。所以，請原諒我的任性，我不做癌症檢查，一切聽天由命。

醫生聳聳肩膀，同意我不做檢驗。

現在，我變得比較不怕死了，不至於像以前一樣談癌色變，這一點領悟，使我心靈平靜而快樂。

歲末懷友

每到此時，總不自覺想起那些親朋好友，不管是還安好的，或是早已離我遠去的。

午夜十二點多，起床尿尿，突然，一陣陣疼痛從下背部傳來，使我渾身不舒服，只好趕快又躺回床上。

依然疼痛，一次比一次嚴重，痛得我發出呻吟。再這樣下去，一個人住在老屋子裡的我大概要打一一〇電話，報警，叫救護車載我去醫院了。

我勉強坐起來，走近書桌，打開窗戶，對著窗戶外遙遠的夜空喃喃祈禱：慈悲觀世音菩薩，救苦救難觀世音菩薩，請保佑我下背部的疼痛漸漸緩和下來，不要惡化成腎臟病，不要三更半夜坐救護車去醫院掛急診……。

阿彌陀佛！南無阿彌陀佛！

祈禱完畢，我從書桌抽屜裡找出緩解疼痛的「普拿疼」藥片吃了，又把消炎止痛的軟藥膏拿出來，用力塗抹在下背部。再躺回床上，閉目養神，還好，疼痛逐漸消失，我的恐懼感才慢慢平復下來。

SS，我突然想起你來，你是我任教台南高商時最好的朋友。七十六歲死亡的你，在人生的最後十年受漸凍人疾病的折磨，肢體逐漸僵硬，關節疼痛，日日夜夜行動艱難，終至器官衰竭而失去性命。你，我最好的朋友，你是如何忍受的啊？

安樂死，多令人掙扎的詞

時序進入十二月，今年眼看就要過去了。SS，你還記得台視以前的資深體育記者，傅達仁先生嗎？

傅先生八十四歲時，被醫生確診是胰臟癌末期，生命只剩下兩、三個月，受病痛折磨，他從原本的八十多公斤，到如今只剩下五十公斤，他到處呼籲台灣應該正式立法通過「安樂死」，好讓高齡的痛苦病患在與家人告別之後安詳且有尊嚴地死亡。

傅先生在家人的陪同下，花很多錢搭飛機去歐洲的瑞士，與「安樂死」的執行機構會面，卻在第二次確定要執行時放棄了，又回來台灣。

無法捨棄「肉中肉、骨中骨」的兒子，傅先生告訴台灣記者，就算只剩下兩個月的生命，想到疼愛的兒子，便放棄立刻尋死的念頭。

我在報紙上看到傅先生與兒子緊緊擁抱的照片，完全可以理解做父親的他在親情、病痛的相互拉扯下如何煎熬與掙扎。誠如記者所描述，「千古艱難唯一死」啊！不過，最後，傅達仁先生還是在家人的陪伴下，於瑞士以安樂死的方式安然離開。

台灣已是老人化的社會，老人愈來愈多，當老人已毫無生存意願、疾病又日日夜夜折磨著，在醫生的協助下，如果能快速的「安樂死」，阿彌陀佛，應該是很多人都可以接受的。原本相當有爭議的同性戀婚姻立法院都已立法通過了，「安樂死」為何仍被捨棄不提呢？

據說，世界上已經有二十多個「安樂死」合法的國家，就連美國也有幾個州認同可以執行了，台灣，真的要好好加油。

SS，你是天主教徒，天主教是反對同性戀、墮胎、「安樂死」的，不知道在你被病痛折磨為難時，可曾有過「安樂死」的念頭？

父親最後的溫柔

三十多年前，我八十幾歲的父親因為腹部疼痛，看醫生一直治不好，只好到大醫院接受詳細的檢查，結果，確定是膽囊癌，末期了。

這，讓我們父子都非常驚訝。

醫生告訴我，父親年紀已大（在那個年代，活過八十歲已算高齡），又中風兩次，身體狀況不大好，如果動手術治療，怕有危險，必須慎重考慮。我婉轉把醫生的顧慮說給父親聽，父親連考慮都沒有就說他不要動手術，要回家等死。說他已經八十二歲，真的活夠了，不必救他。

我明白父親的意思，他年輕時候務農，後來改行在菜市場賣魚，生活很窮困，能辛辛苦苦活下來，又把兒子都栽培到大學畢業，完全沒有遺憾了。他一直跟我住在一起，知道我在學校教書，薪水只有四萬多元，可是他中風復原期間，請人看護的薪水每天一千八百元，一個月高達五萬四千元（當年尚無開放外籍勞工進來擔任看護工作），他無法忍受這種事情，怕連累我，他真的不想再活下去了。

我把父親留在醫院，請臨時看護日夜照顧他，他腹部一疼痛，就請醫生幫他注射嗎啡解痛。

在台北工作的哥哥知道父親病危，立刻南下探視、照顧。

有一天，父親腹部又疼痛難忍，他大聲呻吟，我們兄弟束手無策只能求助於醫生，醫生略微考慮說，再打劑量更多的止痛嗎啡，就要結束生命了，這，必須我們兄弟倆同意才行。

我和哥哥商量後決定這樣做。

感謝醫生的仁善，讓父親安詳離開

我們坐在父親身邊，緊緊握住他的手，一直安慰他。看著護士幫他打針，父親的劇烈疼痛慢慢消失，他臉上緊繃的肌肉和緩下來，嘴角閃過放鬆的一抹微笑，稍後，在安詳的狀態下往生了。

我非常感謝醫生的仁慈和善意，在那個根本沒有人提到「安樂死」的年代，他慈悲地幫高齡的父親解除癌細胞破裂引起的劇烈疼痛，讓他安詳往生，真是菩薩再世，無比功德。

我向台南高商請了喪假，SS，你特地從台南到麻豆鄉下參加我父親的葬禮。我遵照父親不要火化要土葬的生前心願，把他安葬在麻豆公墓裡。每一年的重要節慶，我都帶著父親生前喜愛的點心和果菜汁去祭拜他，來回撫摸他的墓碑，感謝他不願意再活下去，要讓我擁有自己的生活。

好友，天上見了！

SS，我六十五歲時有了第一個孫子，我非常疼他，親自照顧他，並且把跟他在一起的點點滴滴寫成《爺爺與孫子》一書，由台南市文化局出版。拿到書，我立刻寄一本給你，萬萬沒想到，竟然接到你兒子寄來一張訃聞，你，往生了。

平常，想念你，我不敢打電話給你，因為知道你行動非常不方便，有時候獨自一個人在家跌倒了，掙扎許久也爬不起來。如果要接電話，行動會何等艱難啊！就是這樣，不通電話，連你病重住醫院都不知道，真是萬分遺憾。

我到台南市圓環邊一家教堂參加你的告別式，你兒子穿著喪服神情憔悴料理你的後事。二十多年前，他以第一名成績考進成功大學都市計劃研究所，你高興萬分請我吃飯，你的神情、你的驕傲，現在仍然歷歷在目呀！

我比你少十歲，卻由於個性懶散不喜歡固定上下班的生活，所以，早你幾年就退休了。離開台南高商那天，你特別帶我去學校附近一家服飾店購買一套休閒運動服送給我，再三叮嚀我退休後要多運動多保重。

唉！好朋友，你待我兄弟般的情誼，我完全沒有機會報答。

你有一位弟弟台南師範畢業後，在台灣教幾年書，去日本考上大學，一路唸到博士，便一直留在日本的大學當教授。他，身穿黑色西裝，對我們詳細回憶你們幼時生活的點點滴滴，你撰寫多本回憶錄的愉悅經過。這時，我想起你送給我的那一本散文集《花香滿徑》。

好朋友，未來，天上見了。

一年所剩不多的日子裡，我突然想到，這一生的功、過無法一一想起，未來，還真不知道有沒有勇氣接受閻羅王的審判呢。

老人的愛、恨、情、仇

不論是報紙上的新聞，或是自己身邊的老人朋友，老人的愛恨情仇，也是一件比一件波瀾起伏，在聽了這麼多故事後，真心建議，一切看淡吧！

老人空閒時候太多，仔細看報紙成為我打發時間的好方法。

在報上曾看到台北記者李姿瑩發出的娛樂圈新聞。著名電視連續劇製作人，周遊，在中視《我愛冰冰Show》節目中，向主持人白冰冰表示，因為老公外遇，她整整四、五個月每天晚上以淚洗面。吃不下也睡不著，暴瘦十二公斤。

當時周遊八十歲，她的老公七十歲，捲入兩人婚姻的老小三小姐也六十八歲了，三個加起來兩百十八歲的老人上演愛、恨、情、仇的紛爭戲碼，已經連續一個禮拜在電視和報紙上喧騰不已，看了令人感慨良多。

醫生常提醒我們老人，養生之道是多運動多吃蔬菜、水果，少生氣、少激動、少憂鬱。因此，老人處理痛苦、煩惱的婚姻與愛情問題，要格外小心、謹慎，千萬不要像年輕人一樣，動不動就打打鬧鬧。幸好，周遊和她先生很快地恢復感情，又成了恩恩愛愛的夫妻。

心有所屬的老詹

老詹的行事風格我就很欣賞。

他是我的好朋友，我們從小在一起打棒球、踢足球、捉弄女生，開開心心一起長大。當完兵，我回到家鄉教書，老詹在小鎮上的公立銀行上班。

很快的，就聽到老詹得意的宣布，他有女朋友了，那女孩子我看過，長得很漂亮，和英俊瀟灑的老詹站在一起，真是天造地設的一對。兩人是銀行同事，天天見面談戀愛，感情進展神速，結婚，是遲早的事。

結果，大大出人意料之外，兩人分手了。因為雙方家長都極力反對兩人的婚事，上一代曾經合夥做生意，為了財務問題鬧得不愉快，還到法院打官司，形同仇敵，豈能容忍兩人成為夫妻？老詹為這事，有一陣子變得消極、放蕩，整個人瘦了一圈，而女孩子羞憤之下辭職到日本去唸書了。

三十歲那一年，老詹體會到父母年紀已高，渴望抱孫子，加上，銀行經理明白告訴他，在金融界工作，如果沒有結婚，沒有一個穩定、正常的家庭，便比較難以獲得信任，比較沒有升遷機會。在熱心媒人的撮合下，老詹和一個國小女老師結婚了。

我當然參加老詹的結婚喜宴，看得出來，老詹有一點心不在焉，表情冷淡，因為他對人家沒有什麼感情。可是，新娘顯然很滿意老詹的工作和容貌，所以她從頭到尾歡歡喜喜的，好心情全寫在臉上。

時光匆促，二、三十年過去，老詹的兩個女兒表現優異，一個當了大醫院的牙醫師，一個在高中教書，也都結婚生孩子了。老詹以銀行經理的

老人處理婚姻與愛情問題，要格外小心、謹慎，千萬不要像年輕人一樣，動不動就打打鬧鬧。

身分退休後，用部份退休金在他父親傳給他的文旦園裡蓋了三間小木屋。落成那天，特別邀我去吃晚餐。

老詹的婚姻之道

我很驚訝，老詹竟然有很好的烹飪手藝，請我吃了好幾道可口料理。

「想不到你廚藝這麼棒，不輸女人嘛。」

「沒辦法，」老詹聳聳肩膀。「因為太太不喜歡我，已經很多年不煮飯給我吃了。」

原來，老詹的太太婚後不久，就從親友口中得知老詹心中另有所愛，是被雙方父母硬生生拆散的，兩個女兒相繼出生後，她力求溫柔體貼，要獲得老詹的真心對待，無奈，老詹對她實在沒有感情，碰她一下都很勉強。女人對這種事是十分敏感的，她失望之餘，由愛生恨，把老詹恨到極點，平常，藉故鬧事，處處跟老詹唱反調、鬧彆扭，接下來不煮飯不做家事，逼得老詹要想辦法一個人過生活。

兩個女兒都出嫁後，她提議要離婚，老詹不肯，因為擔心女兒、女婿看笑話。他自己做了決定，在祖傳的文旦園蓋了小木屋，自己一個人搬出來住，免得兩人吵鬧不休，兩人的日子都不好過。

以照顧文旦為藉口，老詹在文旦園長期居住，避免親戚朋友認為夫妻兩人鬧分居會離婚，老詹認為，這樣便對這個社會有交代了。

「夫妻的結合有種種狀況」老詹最後做了結論。「有的夫妻是前輩子有恩有義，這輩子變成夫妻，彼此恩愛、誠心誠意、互相照顧，生活便能美滿、幸福。有的正好相反，上輩子結了冤仇，這輩子住在一起，想報仇的會莫名其妙使出種種手段來折磨對方、羞辱對方，甚至於，把對方打了殺了。

因此，我太太對我不滿，處處找我麻煩，我不能跟他計較，只能選擇默默承受，自己一個人搬出來過日子。那一天她對我的仇恨消除了，也就是我上一輩子欠她的債抵銷了，我們兩個人便有一個人會死掉，事情圓滿解決，下輩子就不會再碰頭了。」

阿桂麻煩的感情生活

阿桂是我初中時的高中同班同學，她的感情生活讓她苦惱萬分，麻煩透了。

那一年，我退休不當高職的心理輔導老師，在台南市憂鬱症關懷中心當志工，我負責輔導一個因感情問題鬧自殺而後休學的女孩子，我鼓勵她用寫作減輕心裡的壓力，再把她的幾萬字散文介紹給出版社。她的作品出版時，出版社和憂鬱症關懷中心在台南市衛生局聯合舉辦記者會，事情很轟動。阿桂在報上看到這消息，主動打電話到憂鬱症關懷中心找我，我們就聯絡上了。

阿桂家是做水果批發生意的，她專科學校畢業後，找不到合適的工作，就留在家裡幫父親做生意，賺了一些錢。可是，她嫁了一個壞老公，仗著自己長得帥、討人喜歡，做什麼工作都懶懶散散、不用心，因此被逼著常常換工作，一事無成。

阿桂要包容老公的不成材，又要忍受他的花心和外遇不斷，在四十多歲，女兒出國唸書後，痛心的和他離了婚。

自己一個人孤孤單單過了十年，主動打電話找我，是她碰上一個難題，她又戀愛了，不知該不該結婚？君子有成人之美。我聽說那男人是喪偶的，在農會上班，經濟狀況也不錯，便鼓勵阿桂嫁給他。

實在想不到，那男人嗜賭，起先是瞞著阿桂，瞞不住了，就我行我素，常常多摸幾圈麻將就忘了回家。因此夫妻常常吵架，惹得阿桂頭痛、生病，幾乎把父親傳給她的水果批發生意搞砸了。

去年冬天，在早上走路、運動時看到阿桂，她行動蹣跚，形容憔悴，讓人看了很難過。

她說，她又離婚了。更糟糕的是，醫生診斷出她肝癌末期，勸她搬去住醫院的安寧病房。「真不甘心啊！我這一生，差不多都毀在苦惱的婚姻裡。」阿桂沉痛的告訴我。

那一年三月八日婦女節，得知阿桂病逝的消息，浮上心頭的想法是，女生往往喜歡愛情和婚姻，所以，日子也過得比較沉重吧。

拿阿桂和老詹的處境做比較，我得到的一個感想，人，年紀大了，處理感情和婚姻問題，要輕描淡寫，愈不放在心上愈好。

老後練習簿

終於可以自在過生活

作者 丘榮襄
編輯 徐詩淵
校對 徐詩淵、丘榮襄
美術設計 劉庭安

發行人 程顯灝
總編輯 呂增娣
主編 徐詩淵
編輯 吳雅芳、黃勻薔
簡語謙
美術主編 劉錦堂
美術編輯 吳靖玟、劉庭安
行銷總監 呂增慧
資深行銷 吳孟蓉
行銷企劃 羅詠馨

發行部 侯莉莉
財務部 許麗娟、陳美齡
印務 許丁財

出版者 四塊玉文創有限公司
總代理 三友圖書有限公司
地址 一〇六台北市安和路二段二一三號四樓
電話 (02) 2377-4155
傳真 (02) 2377-4355
E-mail service@sanyau.com.tw
郵政劃撥 05844889 三友圖書有限公司

總經銷 大和書報圖書股份有限公司
地址 新北市新莊區五工五路二號
電話 (02) 8990-2588
傳真 (02) 2299-7900

製版印刷 卡樂彩色印刷製版有限公司

初版 二〇二〇年二月
定價 新台幣三二〇元
ISBN 978-986-5510-04-6（平裝）

國家圖書館出版品預行編目(CIP)資料

老後練習簿：終於可以自在過生活 / 丘榮襄
作. -- 初版. -- 臺北市：四塊玉文創, 2020.02
面；　公分
ISBN 978-986-5510-04-6(平裝)

1.老年心理學 2.生活指導

173.5　　　109000498

版權所有 · 翻印必究
書若有破損缺頁 請寄回本社更換

家庭必備的醫學事典：疾病 X 藥品 X 醫用語，實用的醫療小百科

作者：中原英臣／譯者：謝承翰

定價：320 元

以「至少該知道的知識」做為重點，簡單易懂地收錄了一般家庭面對醫療時常有的疑問，書末還附上索引，文字易懂、輕鬆好查，家庭醫學的萬用祕笈。

居家穴位調養的第一本書：按一按、揉一揉，就能照顧全家人健康

作者：李志剛

定價：320 元

全身 6 大部位穴道的詳細解析、多達 52 個萬能養生穴道，以及老人小孩都適用的按摩方法，加上全身穴位拉頁，讓你輕鬆按圖索驥輕鬆找穴點。

睡覺也需要練習：治療失眠從活化心靈開始，24 週讓你一夜好眠

作者：劉貞柏（阿柏醫師）

定價：320 元

本書讓你遠離失眠與焦慮的惡性循環！不吃藥也能好好睡。只要透過練習，就能重新認識自己，活化心靈，用 24 週的時間擺脫失眠，回歸正常生活。

面對失智症，你可以不恐懼！

作者：奧村步／譯者：李璦祺、陳柏瑤

定價：260 元

書中提供各類失智症知識、應對法及照顧法，讓你即學即用，找回和親愛家人的幸福生活，並一一解開對「失智症」與「失智症患者」的重大誤解！

戰勝巴金森病

作者：村田美穗／譯者：李璦祺

定價：350 元

由專長巴金森病治療的專科醫師執筆，帶你認識巴金森病，並分享日新月異的治療方法，其實只要正確服用藥物，搭配治療，確實復健，就能延緩症狀。

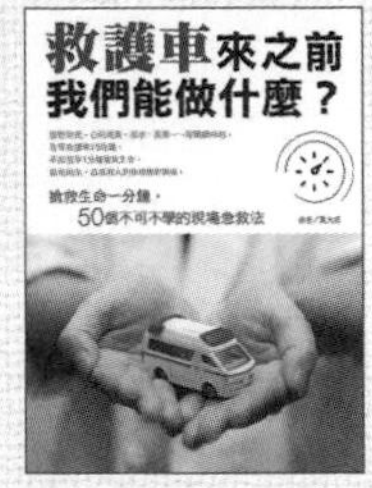

救護車來之前，我們能做什麼？搶救生命一分鐘，50 個不可不學的現場急救法

作者：賈大成

定價：320 元

分秒必爭的關鍵時刻，50 個不可不學的現場急救知識，教你拯救自己及家人寶貴的生命！

和日本文豪一起逛大阪：浪花之城、天下廚房、日本金庫，也是不羈的情欲之都……

作者： 織田作之助等／譯者：侯詠馨
定價：280 元
跟著出身大阪的織田作之助返鄉憶舊，聽古川綠波抱怨料理人的頑固，陪武田麟太郎悲憐底層庶民的掙扎求生；和長岡半太郎一窺商賈的機智與自豪。

和日本文豪一起吃麵：烏龍麵、蕎麥麵、炒麵、餃子等

作者： 古川綠波等／譯者：張嘉芬
定價：280 元
現在就前往有「麵天國」之稱的日本，找一家你喜愛的麵館，推開拉門、掀起暖簾，準備跟著文豪大口慢吃麵食世界裡的美好滋味吧！

和日本文豪一起吃飯：京豆腐、握壽司、昭和啤酒，還有紅豆湯……

作者： 北大路魯山人等／譯者：黃碧君
定價：280 元
等開飯嗎？打開文豪們的餐桌筆記，北大路魯山人、太宰治、堀辰雄、岡本加乃子一滿溢香氣與才氣的暖心之味，一道道連番上菜，令人垂涎欲滴！

和日本文豪一起漫遊老東京：跟著永井荷風散步淺草、銀座、築地、月島、麻布……

作者：永井荷風／譯者：楊明綺
定價：280 元
請翻開本書，讓東京散步達人永井荷風做你的導遊，開啟一趟時光倒流的市中小旅行，再一次為東京心動，這是一本寫給大家的非典型東京說明書。

和日本文豪一起遊京都：晨市、街町、河源、寺廟，還有庶民生活……

作者： 夏目漱石等 ／譯者：侯詠馨
定價：280 元
由不同文學作家接力講述關於京都的風情與市井生活，充滿個人色彩的牽絆與感傷，更有旅遊書上找不到的觸動。

和日本文豪一起做料理：佐料提味、傳統割烹、熬湯燉物……一起沉浸在美好的時鮮滋味

作者：北大路魯山人等／譯者：張嘉芬
定價：290 元
這是一本非典型的和食料理書，準備好一起做好料理、品味時鮮了嗎？來自八位文豪的和食小課堂，一概不需預約！

和日本文豪一起愛狗：人狗之間的溫暖時光
作者：太宰治等／譯者：蘇暐婷
定價：260 元
文豪們接力藉由小說和隨筆，建構一幅幅以狗與人之間的相互依賴為題的溫暖時光。

和日本文豪一起尋貓去：山貓先生、流浪貓、彩虹貓、賊痞子貓……一起進入貓咪的奇想世界
作者：柳田國男等／譯者：林佩蓉
定價：280 元
不只寫給愛貓一族，也是作家們寫給對動物好奇的讀者，一則非典型的與貓同行奇想曲。

和日本文豪一起推理（下冊）：江戶川亂步的犯罪心理筆記
作者：江戶川亂步／譯者：陳冠貴
定價：260 元
日本推理大師 ── 江戶川亂步。繼破案筆記後，再剖析犯罪心理！撥開犯罪事件的手法與動機。

和日本文豪一起推理（上冊）：江戶川亂步的破案筆記
作者：江戶川亂步／譯者：陳冠貴
定價：280 元
日本推理之父江戶川亂步，嚴選八百餘種離奇詭計分項解說。謎題即將解開，『小心有雷』！

和日本文豪一起喝咖啡：癮咖啡、閒喫茶、嘗菓子，還有聊些往事……
作者： 寺田寅彥等／譯者：張嘉芬
定價：300 元
本書是由不同文學作家接力講述關於尋味咖啡的舊時光和青春往事，是一本寫給大家的非典型文豪咖啡事件簿。

預約。好好告別：人生最後的期末考，讓我們好好說再見

作者：朱為民

定價：300 元

本書將告訴你，什麼是安寧緩和醫療，以及與末期病人的溝通相處之道，讓我們在人生的最後一刻，微笑說再見。

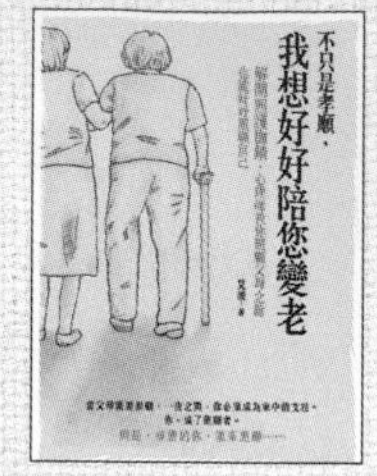

不只是孝順，我想好好陪您變老：解開照護枷鎖，心理師教你照顧父母之餘也能好好照顧自己

作者：艾彼

定價：290 元

給親愛的照顧者，不需要質疑自己，你只是累了！就讓心理師來告訴你，照顧父母之餘該怎麼照顧自己。讓你和至親家人的長照日常，溫馨美好。

只想為你多做一餐：65 歲阿伯與 92 歲磨人媽，笑與淚的照護日誌

作者：鄭城基 ／譯者：胡椒筒

定價：330 元

韓國人氣部落客「藍精靈阿伯」的溫暖之作。為了照顧失智症中期的母親，65 歲的兒子每天為 92 歲的老母親下廚煮飯，希望藉此記錄與母親的每個瞬間。

解開照護枷鎖：人生必修的長照課，照顧家人你一定要知道的事

作者：陳乃綾

定價：320 元

這是一本陪伴照顧者的枕邊書。面對家中的年老長輩，照顧者其實可以不必再疲勞、焦慮與自責。被照顧者，也可以有機會有尊嚴、獲得更專業的照顧。

冥想：每天，留 3 分鐘給自己

作者：克里斯多夫 ‧ 安德烈

譯者：彭小芬／定價：340 元

每天 3 分鐘，在你等車、用餐、睡前等等生活中的任何片段，運用 40 個冥想練習，體驗自己內在的轉變，你會發現，生活將變得更自在開闊了！

轉個念，心讓世界大不同

作者：曉亞

定價：320 元

只要願意，轉個心念，幸福近在咫尺，無所不在。讓我們從「心」開始，學習 52 個轉念哲學，做自己心的主人，轉個念，世界就會大不同。

廣　告　回　函
台北郵局登記證
台北廣字第2780 號

地址：　　　縣/市　　　鄉/鎮/市/區　　　路/街

段　　巷　　弄　　號　　樓

三友圖書有限公司 收

SANYAU PUBLISHING CO., LTD.

106　台北市安和路2段213號4樓

「填妥本回函，寄回本社」，
即可免費獲得好好刊。

\ 粉絲招募歡迎加入 /

臉書／痞客邦搜尋

「四塊玉文創／橘子文化／食為天文創
三友圖書——微胖男女編輯社」

加入將優先得到出版社提供的相關
優惠、新書活動等好康訊息。

四塊玉文創×橘子文化×食為天文創×旗林文化

http://www.ju-zi.com.tw
https://www.facebook.com/comehomelife

親愛的讀者：

感謝您購買《老後練習簿：終於可以自在過生活》一書，為感謝您對本書的支持與愛護，只要填妥本回函，並寄回本社，即可成為三友圖書會員，將定期提供新書資訊及各種優惠給您。

姓名 ________________ 出生年月日 ________________

電話 ________________ E-mail ________________

通訊地址 ________________

臉書帳號 ________________

部落格名稱 ________________

1 年齡

□18歲以下 □19歲～25歲 □26歲～35歲 □36歲～45歲 □46歲～55歲
□56歲～65歲 □66歲～75歲 □76歲～85歲 □86歲以上

2 職業

□軍公教 □工 □商 □自由業 □服務業 □農林漁牧業 □家管 □學生
□其他 ________________

3 您從何處購得本書？

□博客來 □金石堂網書 □讀冊 □誠品網書 □其他 ________________
□實體書店 ________________

4 您從何處得知本書？

□博客來 □金石堂網書 □讀冊 □誠品網書 □其他 ________________
□實體書店 ________________ □FB（四塊玉文創／橘子文化／食為天文創 三友圖書——微胖男女編輯社）
□好好刊（雙月刊） □朋友推薦 □廣播媒體

5 您購買本書的因素有哪些？（可複選）

□作者 □內容 □圖片 □版面編排 □其他 ________________

6 您覺得本書的封面設計如何？

□非常滿意 □滿意 □普通 □很差 □其他 ________________

7 非常感謝您購買此書，您還對哪些主題有興趣？（可複選）

□中西食譜 □點心烘焙 □飲品類 □旅遊 □養生保健 □瘦身美妝 □手作 □寵物
□商業理財 □心靈療癒 □小說 □其他 ________________

8 您每個月的購書預算為多少金額？

□1,000元以下 □1,001～2,000元 □2,001～3,000元 □3,001～4,000元
□4,001～5,000元 □5,001元以上

9 若出版的書籍搭配贈品活動，您比較喜歡哪一類型的贈品？（可選2種）

□食品調味類 □鍋具類 □家電用品類 □書籍類 □生活用品類 □DIY手作類
□交通票券類 □展演活動票券類 □其他 ________________

10 您認為本書尚需改進之處？以及對我們的意見？

____

感謝您的填寫，
您寶貴的建議是我們進步的動力！